Wohlfühl-Intelligenz

Wege zur Entspannung

Dr. Frank Naumann

WELLNESS

Verlag Gesundheit

Inhalt

Seite **5**

Bringen Sie sich in Stimmung

Seite **21**

Entdecken Sie Ihre Wohlfühl-Intelligenz

Testen Sie Ihren Wellness-Quotienten

Seite 53

Seite 85

50 Tipps für Verwöhn-Pausen

Seite 71

Entwickeln Sie Ihre Wohlfühl-Intelligenz

Seite 110

Literatur

Bringen Sie sich in Stimmung

Sie fühlen sich gut? Lernen Sie, sich blendend zu fühlen!

> … ich neige manchmal dazu, glückliche Menschen für
> heimliche Weise zu halten, auch wenn sie dumm scheinen.
> Was ist dümmer und macht unglücklicher als Gescheitheit!
>
> *Hermann Hesse, »Kindheit des Zauberers«*

Guten Tag, liebe Leserin, lieber Leser!
Wie fühlen Sie sich gerade? Ist für Sie jede Minute eitel Sonnenschein,
kennen Sie graue Stunden nur vom Hörensagen – immer himmel-
hoch jauchzend und nie zu Tode betrübt? Dann werden Sie sich beim
Lesen dieses Buches über die Sorgen weniger fröhlicher Zeitgenossen
prächtig amüsieren. Und erfahren, welcher Ihrer Charaktereigen-
schaften und Verhaltensweisen Sie Ihr heiteres Naturell verdanken.
Ist Ihre Stimmung dagegen düster und haben Sie seit Jahren nicht
mehr gelacht? Wenn Ihr Alltag von Depressionen und Lethargie
gezeichnet sein sollte, kann dieses Buch ein Anstoß für Sie sein, auf
die Sonnenseite des Lebens zu gelangen – vorausgesetzt, Sie sind
bereit, einen festen Willen, Anstrengungen und täglich etwa eine halbe
Stunde Zeit zu investieren.
Oder geht es Ihnen wie den meisten von uns? Dann kennen Sie fröh-

Trübe Stimmung? Das muss nicht so bleiben

liche und trübe Tage, sind im Großen und Ganzen zufrieden, auch wenn einige Ihrer Lebenswünsche bisher offen geblieben sind.

Mein Tipp

Trifft folgende Beschreibung auf Sie zu?
Sie haben die Hoffnung bewahrt, dass Sie in der Lebenslotterie auch einmal einen Joker ziehen werden. Ihr Alltag ist nicht frei von Ärger und Stress, aber Sie organisieren sich geschickt Oasen der Entspannung, in denen Sie nicht bloß passiv vor dem Fernseher hocken, sondern sich zum Beispiel ein Buch vornehmen, von dem Sie sich Genuss, Unterhaltung und nützliche Informationen versprechen – wie gerade jetzt.

Dann können die folgenden 112 Seiten Ihr Leben verändern.
Ich spreche aus eigener Erfahrung. Vor etwa zwanzig Jahren, gegen Ende meines Studiums, steckte ich in einer ziemlichen Misere. Meine Ausdauer und Konzentrationsfähigkeit befanden sich auf einem Tiefpunkt. Ich saß an meiner Diplomarbeit und brachte kaum einen Satz pro Tag zu Papier. Der Abgabetermin rückte immer näher und

ich bastelte noch an Seite drei. Würde ich in Kürze ohne Abschluss dastehen?

Zum Glück hatte ich durch mein Studium der Philosophie und Psychologie Ahnung von solchen Blockaden. Warum nicht das Gelernte für mich selbst nutzen? Gerade noch rechtzeitig raffte ich mich auf und wandte erstmals eins der Prinzipien, die Sie in diesem Buch kennenlernen werden, auf mein eigenes Leben an. (Mehr über das Wie und Was erzähle ich Ihnen im Laufe des Buches.)

Schon nach wenigen Tagen kam meine Arbeit wieder in Gang. Ich schaffte mein Diplom, schrieb in zwei Jahren eine Doktorarbeit, die mit dem bestmöglichen Prädikat bewertet wurde, und erfüllte mir am Ende einen Lebenstraum: eine Existenz als freier Autor.

Heute, mit Mitte vierzig, bin ich wesentlich besser drauf als mit Anfang zwanzig. Schon seit längerem gebe ich meine Erfahrungen und Erkenntnisse in Seminaren und Büchern weiter und habe über Jahre altes und neues Wissen über die Kunst des Sichwohlfühlens gesammelt, das ich auf den folgenden Seiten für Sie erstmals im Zusammenhang darstellen werde. Eine wichtige Einsicht, die ich dabei gewann, lautet: Nicht jedes Rezept, das den einen im Handumdrehen aus seiner Trübsal erlöst, hilft auch dem anderen. Jeder benötigt zunächst die Fähigkeit herauszufinden, was ihm selbst – bei seinen individuellen Vorlieben und Abneigungen – gut tut. Was dem einen eine Offenbarung ist, verpufft bei seinem Nachbarn wirkungslos. Und umgekehrt.

Wer möchte sich nicht lieber wohl fühlen als unzufrieden sein? Wie Sie Ihre eigenen Glückspotenzen entwickeln können, werden Sie wissen, sobald Sie dieses Buch zu Ende gelesen haben.

Entdecken Sie Ihre Glückspotenzen!

Am Anfang war das Wissen

Wovon unser
Wohlbefinden abhängt

Seit vielen Jahren fragen Meinungsforschungsinstitute regelmäßig einen repräsentativen Durchschnitt der Bevölkerung, welche persönlichen Werte von den Bürgern am höchsten geschätzt werden. Und da zeigt sich: Karriere, Geld oder Erfolg sind uns lieb und teuer, aber für noch wichtiger halten wir ideelle Werte wie Geborgenheit, Glück und Gesundheit. Ein Beweis dafür, dass wir genau wissen, dass

• sie schwerer zu erlangen und leichter wieder zu verlieren sind als die materiellen Glücksgüter

• sie wichtiger sind für unser Wohlbefinden als Reichtum und Erfolg.

Man kann durchaus Geld haben und sich zugleich wohl fühlen, keine Frage. Aber leider wird im wirklichen Leben oft ein Gegensatz daraus, weil die Jagd nach beruflichen Erfolgen dazu verführt, die Sorge um die seelische Balance zu vernachlässigen. Warum aber ist die Fähigkeit, Glück zu empfinden und sich rundum wohl zu fühlen, so ungleich verteilt? Ich möchte Ihnen in diesem Buch zeigen, dass es sich keineswegs um eine geheimnisvolle, angeborene Begabung handelt, sondern eine Befähigung, die sich im Wesentlichen zusammensetzt aus

• Kenntnissen, welche Verhaltensweisen unser Wohlbefinden verbessern und welche nicht

• Fähigkeiten zum Bewältigen von Konflikten, Krisen und anderen Lebensproblemen sowie

• Wissen um kreative Strategien für das Erreichen der Lebensziele.

Mein Tipp

Es handelt sich also vornehmlich um Kenntnisse und Fähigkeiten zum Erwerb neuen Wissens – und die sind, wie die Psychologie schon seit langem nachgewiesen hat, in hohem Maße erlernbar und werden üblicherweise mit dem Begriff »Intelligenz« bezeichnet. Ich habe deshalb für die Gesamtheit der erforderlichen Fähigkeiten und Kenntnisse den Begriff »Wohlfühl-Intelligenz« gewählt.

Geschichte
der Intelligenz

Um zu verstehen, um welche Fähigkeiten es sich handelt, bitte ich Sie, mir auf einem kleinen Abstecher in die Geschichte der Intelligenzforschung zu folgen. Dabei werden wir auf eine Reihe erstaunlicher Fakten stoßen.

Seit der Antike stellten sich die Philosophen die Frage, was eine überlegene Persönlichkeit ausmacht. Lange lautete die Antwort: Wissen. Universale Bildung blieb bis in die Neuzeit das höchste Erziehungsideal. Erinnern Sie sich an das Motiv Fausts, das ihn dazu brachte, seine Seele dem Teufel zu überschreiben: »Wissen, was die Welt im Innersten zusammenhält.«

Goethe, der ihm diese Worte in den Mund legte, gilt als einer der letzten Universalgelehrten. Er kannte sich in Sprache, Religion, Dichtung und verschiedenen Naturwissenschaften gleichermaßen gut aus, erwarb sich Verdienste als Dichter, Zeichner, Anatom, Geologe und Physiker. Doch spätestens seit dem 19. Jahrhundert war das Gesamtwissen der Menschheit so weit angewachsen, dass ein Einzelner es nicht mehr überblicken konnte.

*Was ist eigentlich
Intelligenz?*

Das Zeitalter der Spezialisten brach an. Nicht mehr umfassende Bildung, sondern Expertenwissen und Intelligenz waren gefragt. Und nicht mehr die Universalwissenschaft Philosophie befasste sich mit dem Menschen, sondern Spezialfächer wie Biologie, Soziologie und Psychologie – drei Fachdisziplinen, die sich erst nach 1800 als eigenständige Wissenschaften verselbständigten. Sie teilten den Menschen unter sich auf: Die einen befassten sich mit seinem Körper, die anderen mit seinen gesellschaftlichen Beziehungen, die Psychologen durchleuchteten schließlich das individuelle Verhalten und leiteten daraus Erkenntnisse über die Persönlichkeit und ihre Befähigungen ab.

Trotz mehr als hundert Jahren intensiver Forschung konnten sich die Experten bis heute nicht einigen, was Intelligenz eigentlich ist. Klar ist: Wissen allein genügt nicht. Man muss es auch effektiv einsetzen können. Deshalb ist Intelligenz nicht an Schulleistungen abzulesen. So manches fleißige Bienchen verdeckt durch unermüdliches Auswendiglernen, dass ihm Kreativität und selbständiges Denken fehlen, die für echte Intelligenz unerlässlich sind. Andererseits gibt es intelligente Schüler, die keine Lust zum Büffeln haben und nur mäßige Zensuren nach Hause bringen. Zum Erstaunen Ihrer früheren Lehrer entpuppte sich mancher von ihnen später als Genie.

Aber vielleicht lässt sich das, was die Schulnoten nicht verraten, durch einen speziellen Test ermitteln? Zu Beginn des 20. Jahrhunderts ent-

Der erste Intelligenztest

wickelte der Franzose Alfred Binet den ersten Intelligenztest – ursprünglich mit dem Ziel, bei Schulversagern die Milieugeschädigten von den tatsächlich Unbegabten zu trennen. Die US-Army wendete bald darauf Intelligenztests für die Auswahl und den optimalen Einsatz ihrer Rekruten an. Als sich dabei ergab, dass die Schwarzen im Durchschnitt weniger gut abschnitten als die Weißen, entbrannte eine ideologische Schlacht um das Wort »Intelligenz«, deren Glut noch heute schwelt.

Es stellte sich heraus, dass es unmöglich ist, eindeutig festzustellen:
- Wieviel Prozent Intelligenz ist Begabung und wieviel erlernt?
- Welche Einzelfähigkeiten gehören zur Intelligenz? Gängige Intelligenztests konzentrieren sich auf Sprachliches, Logik (besonders das Zuordnen von Ober- und Unterbegriffen), räumlich-technisches Vorstellungsvermögen und mathematisches Problemlösen.
- Lässt sich ein kulturunabhängiger Intelligenztest konstruieren?
- Wie hängen Intelligenz und Lebenserfolg zusammen?
- Gibt es überhaupt »die« Intelligenz oder muss man zwischen mehreren Intelligenzen unterscheiden?

In ihrer Verzweiflung behaupteten manche Forscher schließlich: »Intelligenz ist, was ein Intelligenztest misst.« Damit wäre sie nur noch davon abhängig, was der jeweilige Tester für Aufgaben stellt. Auch wir werden die Probleme der Forscher in diesem Buch nicht lösen, können aber ein bisschen Klarheit schaffen.

Das macht Intelligenz aus

Über ein paar Dinge sind sich alle Experten einig:
- Intelligenz misst bestimmte allgemeine Aspekte der Denkfähigkeiten.
- Intelligenz steht für das Niveau der Denkprozesse, das bei den Individuen unterschiedlich ausgeprägt ist.
- Intelligenz befähigt, Probleme mittels Nachdenken zu lösen.

Sie setzt vor allem drei Fähigkeiten voraus:
  - Im Geiste neue Wege zu finden, um scheinbar Unlösbares doch noch zu bewältigen.
  - Effektiv zu lernen und das Gelernte und Erfahrene optimal zu nutzen.
  - Konkrete Schwierigkeiten durch systematisches Überlegen anzupacken.

Die »klassische« Intelligenz befähigt in erste Linie, Hindernisse durch das Ersinnen von klug gewählten Umwegen zu umgehen. Noch deutlicher wird dies vielleicht, wenn wir uns klar machen, was Intelligenz nicht ist.

Intelligenz ist nicht Lebenserfolg. Die Fähigkeit, Lösungen für schwierige Probleme durch Nachdenken zu finden, kann auch im Alltag hilfreich sein, genügt aber häufig nicht. Das zwischenmenschliche Miteinander erfordert zusätzlich emotionales Einfühlungsvermögen, praktische Fertigkeiten, Interesse am Mitmenschen und sehr viel Lebenserfahrung. Dazu kommt alltagspraktisches Wissen – wie man eine Steuererklärung ausfüllt, geschickt mit Bankangestellten verhandelt, einen Wasserhahn montiert und Ähnliches. Wer dieses

Wissen hat, ist jedem überlegen, der durch Nachdenken und Ausprobieren erst Lösungen dafür finden muss. Versuche, aufgrund des Intelligenzquotienten Voraussagen über den Schulabschluss oder spätere berufliche Erfolge einer Person abzuleiten, hatten deshalb nur eine geringe Trefferquote.

Intelligenz ist nicht Kreativität. Ein Hauptfaktor schöpferischen Handelns ist Originalität. Für die Intelligenz steht nicht so sehr die Neuartigkeit im Vordergrund, sondern eher die Frage, ob mit der gefundene Lösung das Problem angemessen gemeistert werden kann. Das wiederum ist für die Kreativität eher zweitrangig. Intelligenz zergliedert und analysiert, Kreativität fügt zusammen und verbindet Getrenntes. Nicht nur in der Kunst, sondern auch in der Wissenschaft sind die kreativsten Menschen nicht unbedingt die intelligentesten. Umgekehrt fallen viele Leute mit einem hohen Intelligenzquotienten nicht durch sonderlich originelle Leistungen auf.

Wo ein Wille ist, ist auch ein Weg

Intelligenz ist weder Fleiß noch Motivation, Disziplin oder Konzentrationsfähigkeit. All diese Willensqualitäten sind für geistige Leistungen unerlässlich, aber sie müssen zur Intelligenz hinzukommen, damit der Einzelne seine Denkbegabung nutzen kann. Deshalb kommt es in der Realität häufiger vor, dass ein fleißiger Mensch mit nur durchschnittlicher Intelligenz einen hervorragenden Studienabschluss hinlegt und sich später an die Spitze eines Arbeitsteams hocharbeitet, als dass ein intelligenter Mensch, der sich nur gelegentlich anstrengt, große Erfolge verbuchen kann.

Fest steht auch, dass Intelligenz nicht ein für allemal gegeben ist. Nur bei schwer Hirngeschädigten ist die Erziehung machtlos. Bei allen übrigen verändern eine stimulierende oder hemmende Umwelt die Begabung.

Das bewies vor vielen Jahren ein berühmtes Experiment:

Lehrern wurde eine Schulklasse zugewiesen, deren Schüler sie nicht kannten. Als einzige Vorinformation erhielten sie eine Liste, auf der die jeweiligen Intelligenzquotienten der Schüler vermerkt waren. Was die Lehrer nicht wussten: die angegebenen Intelligenzquotienten waren frei erfunden. Das erstaunliche Resultat nach einem halben Jahr Schulunterricht: die Zensuren entsprachen in etwa den angeblichen Intelligenzquotienten auf der Liste, nicht der tatsächlichen Denkbegabung. Die Vor-Urteile der Lehrer erwiesen sich als mächtiger als das Können oder Nichtkönnen der Kinder.

Was macht aber nun den Lebenserfolg aus? Welche Fähigkeiten müssen zur »klassischen« Intelligenz hinzukommen? Der Intelligenzforscher Howard Gardner machte die These populär, dass es nicht eine, sondern mindestens sieben Arten von Intelligenz gibt:
• Sprachintelligenz
• Bewegungsintelligenz
• Musikalische Intelligenz
• Logisch-mathematische Intelligenz
• Räumliche Intelligenz
• Soziale Intelligenz
• Personale Intelligenz (Selbsterkenntnis)

Es stellte sich in den letzten Jahren heraus, dass für den Lebenserfolg vor allem die letzten beiden von Bedeutung sind. Sie erlauben ein intelligentes Management der Gefühle in Bezug auf andere und auf sich selbst. Peter Salovey von der Yale-Universität in Amerika und sein Kollege John D. Mayer fassten beide unter dem Oberbegriff »Emotionale Intelligenz« zusammen. Daniel Goleman beschrieb sie in seinem bekannten Buch (»Emotionale Intelligenz«, München, Wien 1996) als eine »Metaintelligenz«, also eine Über-Intelligenz, die alle übrigen Befähigungen dirigiert und verwaltet. Ein hoher Intelligenzquotient allein genügt nicht. Um erfolgreich zu sein, muss der Mensch über die

Emotionale Intelligenz

Kunst der Beziehungspflege, des konstruktiven Umgangs mit Konflikten, Führungsfähigkeiten, Kontaktfreude und Einfühlungsvermögen (soziale Intelligenz), aber auch Beharrlichkeit, eine starke innere Motivation und Selbstbeherrschung (personale Intelligenz) verfügen.

Mein Tipp

> Ich möchte in diesem Buch noch einen Schritt weitergehen. So wie die klassische Denk-Intelligenz nicht genügt, um Erfolg im Leben zu haben, so reichen Erfolg und emotionale Intelligenz nicht aus, um sich wohl und glücklich zu fühlen. Es gibt nicht nur kluge Leute, die gescheit, aber leider nicht erfolgreich sind, sondern auch erfolgreiche Menschen, die trotz aller äußeren Anerkennung unzufrieden sind und deswegen unablässig neuen, noch höheren Zielen nachjagen.

Prominent und erfolgreich sein schützt, wie jeder weiß, weder vor Depression noch Sucht oder Selbstmord. Beispiele gibt es viele.

Wohlfühl-Intelligenz Umgekehrt lebt unter uns eine Reihe von Menschen, die weder überdurchschnittlich klug sind noch durch sensationelle Erfolge auffallen, aber sich wohl und rundum zufrieden fühlen. Sie verfügen vielleicht über keinen sensationell hohen IQ oder eine der anderen sechs Intelligenzformen. Aber sie besitzen Wohlfühl-Intelligenz.

Eine gescheiterte Ehe oder der Abbruch einer Karriere werden unter

dem Gesichtspunkt der emotionalen Intelligenz als Misserfolg gewertet. Vom Standpunkt der Wohlfühl-Intelligenz aus kann der Ausbruch aus einer unglücklichen Beziehung ein Schritt nach vorn zu einem selbstbestimmten Dasein bedeuten. Ebenso kann der Abbruch einer beruflichen Laufbahn eine Chance zu Selbsterkenntnis und Neubeginn darstellen. Das wohl berühmteste Beispiel dafür lieferte Ende des 19. Jahrhunderts Paul Gauguin, der seine Bankkarriere beendete, um ein zweites, kreatives Leben als impressionistischer Maler zu beginnen.

Er wanderte von Paris nach Martinique und Tahiti aus, wo er sich schließlich auf Dauer niederließ.

Die Wiedervereinigung von Körper und Seele

Was also ist Wohlfühl-Intelligenz? Eine neue, achte Intelligenzform neben den anderen sieben? Ja und nein. Ja, weil sie tatsächlich in der Liste Howard Gardners fehlt. Nein, weil sie keine Teilintelligenz neben anderen ist. Es ist an der Zeit, die Zersplitterung des Menschen in lauter selbständige Teile, wie sie die Wissenschaften zweihundert Jahre lang betrieben haben, wieder zu überwinden und seine Ganzheit neu zu entdecken. Weder körperliche Gesundheit oder seelische Ruhe noch intakte soziale Beziehungen allein können unser Wohlbefinden sichern. Was wir brauchen, ist ein maßvolles Gleichgewicht zwischen allen Seiten unseres Lebens.

TIPP

Überlegen Sie: Wieviel Zeit am Tag widmen Sie
- körperlichen Tätigkeiten
- geistigen Tätigkeiten
- sozialen Kontakten
- sinnlich-emotionalen Erlebnissen?
Besteht ein annäherndes Gleichgewicht oder überwiegt ein Aspekt?

Wenn der Charakter von einem einzelnen Aspekt der Persönlichkeit bestimmt wird – einem vorherrschenden Gefühl wie Wut oder Selbstmitleid, kühler Logik, reinem Karrieredenken oder einem Hobby, das alle freie Zeit okkupiert –, entwickeln sich in Kürze Stress, Besessenheit (bis zur Verbohrtheit) und Abhängigkeiten von Arbeit, Glücksspiel oder Tabletten. Auch für mich begann vor zwanzig Jahren die Umkehr, als ich erkannte, dass ich mich so sehr in die Denkarbeit verbohrt hatte, dass mein Körper und meine Gefühlswelt die Gefolgschaft verweigerten.

Keine Einseitigkeiten!

Sicherlich gibt es Zeiten im Leben, da kann es notwendig werden, sich vorübergehend ganz auf eine Tätigkeit zu konzentrieren und die übrigen hintanzustellen. Zum Beispiel, wenn eine Prüfung bevorsteht, ein Kind geboren wird oder eine ernste Krankheit auskuriert werden muss. Wer über eine gut entwickelte Wohlfühl-Intelligenz verfügt, erkennt jedoch von sich aus den Zeitpunkt, an dem die Vernachlässigung wichtiger Bedürfnisse anfängt, die Persönlichkeitsentwicklung zu gefährden:

Wenn ein Lebens-
bereich uns völlig
beherrscht

• Beispiel Karriere: Anfangs wird eine 60-Stunden-Woche einen Leistungszuwachs bringen. Doch wissenschaftliche Studien zeigen, dass nach einigen Monaten die Effektivität der Leistung sinkt, weil Erholung und kreative Anregungen aus anderen Lebensbereichen fehlen. Das anfängliche Hochgefühl geht verloren.

• Beispiel Krankheit: Nach einem Herzinfarkt braucht der Patient Erholung. Doch dauerhafte Schonung ist der falsche Weg. Am schnellsten erholt sich der Kranke, wenn er an ein maßvolles Ausdauertraining gewöhnt wird: Dauerlauf und Rad fahren können Schäden, die zum Infarkt führten, teilweise rückgängig machen.

• Beispiel Erziehung: Ein Kind entwickelt sich optimal, wenn es in den ersten zwei, drei Jahren ganztägig von einer festen Bezugsperson (meist der Mutter) betreut wird. Später braucht das Kind jedoch möglichst vielfältige Anregungen. Arbeitende Frauen sind im Schnitt keine schlechteren Mütter als Hausfrauen, das ist wissenschaftlich belegt. Überbehütende Mütter, die nur für ihre Familie da sein wollen, bilden häufig eher eine Fessel für das Kind, als dass sie ihm nützen.

Der Sinn maßvoller
Lebensführung

Wohlfühl-Intelligenz ist lehr- und lernbar. Das beweisen seit über zweitausend Jahren fernöstliche Philosophien. Ihr großer Erfolg bei uns zeigt, dass ihre Lehren auch den Menschen des Industriezeitalters eine Menge zu geben haben. Das indische Yoga umfasst nicht nur Körper- und Atemtraining, sondern auch Ernährungsvorschriften, Tageseinteilungen, Meditation und andere spirituelle Übungen. Die Erkenntnis, dass eine maßvolle Lebensführung zu innerer Harmonie führt, muss kein abstrakter Glaubenssatz bleiben, sondern kann erlebte Erfahrung werden, wenn man ihre praktischen Regeln in die Tat umsetzt. Konsequent das Leben eines indischen Yogi führen, wäre allerdings eine Ganztagsbeschäftigung, die mit unseren Lebensgewohnheiten nicht vereinbar ist.

Wir haben einen anderen Lebensstil als die Inder vor zweitausend Jahren. Wir können von ihnen lernen, aber sie nicht minutiös nachahmen. Unser Leben mag sich in mancher Hinsicht verschlechtert haben – mehr Stress, weniger Natur und körperliche Bewegung –, in anderer Hinsicht hat es sich jedoch entscheidend verbessert. Wir haben eine höhere Lebenserwartung, sind besser geschützt vor todbringenden Seuchen und unser Alltag bietet vielfältigere Möglichkeiten.

Mein Tipp

Die Kunst besteht darin, die Vorteile unseres Zeitalters zu nutzen und die Nachteile geschickt durch entspannende Gewohnheiten auszugleichen – ein duftendes Schaumbad, eine sanfte Massage oder ein leichter, exotischer Salat. Für diese Verbindung von Anforderungsbewältigung und bewusster, auf Gesundheit und Wohlbefinden orientierter Lebensgestaltung hat sich der amerikanische Begriff Wellness eingebürgert.

Wellness steigert die Wohlfühl-Intelligenz. Sie wirkt sich in erster Linie auf unsere Stimmung aus. Stimmung ist nicht dasselbe wie Gefühle. Emotionen wechseln rasch. Mal fühlen wir uns traurig, mal fröhlich, mal sind wir wütend, mal überrascht oder entsetzt – je nachdem, was wir gerade erleben. Wenn Sie über eine gut entwickelte emotionale Intelligenz verfügen, werden Sie Ihre Gefühle in gewissem Maße kontrollieren können. Aber die Abhängigkeit von äußeren Erfolgen und Misserfolgen bleibt bestehen. Denn Gefühle dienen ja gerade dazu, uns intuitive Signale zu liefern, um angemessen und schnell auf äußere Ereignisse zu reagieren.

Ganz anders sieht es mit unserer Stimmung aus. Sie ist viel stabiler. Man könnte sagen, sie ist die ruhige Tiefe des Ozeans unter den sturmgepeitschten Wellen der Emotionen. Ihr Grundtenor wird nicht von äußeren Geschehnissen, sondern von innen, vom Charakter, bestimmt. Während die Psychologen mindestens fünf Basisemotionen

Auf die Stimmung kommt es an

Unsere Gefühle kommen aus allen Richtungen, unsere Stimmung bewegt sich nur zwischen zwei Polen

(Wut, Trauer, Angst, Freude, Ekel) und eine Reihe abgeleiteter Gefühle (Überraschung, Erschrecken, Interesse, Scham, Hingabe und so weiter) unterscheiden, ist die Stimmung »eindimensional«, variiert also nur in der Stärke. Dabei besitzen die einen eine eher positiv-glückliche, die anderen eine eher negativ-pessimistische Grundstimmung. Leute, deren Gemütslage stark mit äußeren Veränderungen schwankt, nennt man labil oder launisch. Solche Schwankungen sind ein Hinweis auf fehlende innere Ruhe. Auch in Krisenzeiten (Pubertät, Wechseljahre, nach Trennungen und schweren Verlusten) erleben wir ein stärkeres Auf und Ab als sonst. Labile Stimmungen zeigen an, dass die Betreffenden von äußeren Einflüssen abhängiger sind, als ihnen gut tut.

Stabile Laune wappnet uns gegen Krisen

Im Normalfall wechseln die Gefühle, aber die Gemütslage bleibt annähernd stabil, auch wenn jeder bessere und schlechtere Tage kennt und weiß, dass Schwankungen nicht zu vermeiden sind. Unsere Stimmung informiert uns über den Grad unseres inneren Wohlbefindens. Rutscht sie auf einen Tiefpunkt, sollte das immer als Warnsignal betrachtet werden. Sie fordert dann: Nimm eine Auszeit und tu endlich etwas für dich!

Die Wohlfühl-Intelligenz steigern heißt folglich

• die Gemütslage aufhellen

• sich von unangenehmen Erlebnissen nicht mehr die Laune verderben lassen

• vernachlässigte Lebensaspekte erkennen und fördern

• zwischen allen Bedürfnissen und Tätigkeiten ein harmonisches Gleichgewicht finden

• sich eine maßvolle Lebensführung angewöhnen

• insgesamt ein zufriedenerer und glücklicherer Mensch zu werden.

Wir alle streben ständig danach, unser Wohlbefinden zu verbessern. Die einen sprechen vom Selbsterhaltungstrieb, andere vom natürlichen Glücksstreben. Bisher blieb aber das Ergebnis eher dem Zufall überlassen und beschränkte sich auf einzelne, isolierte Faktoren. Mit dem Konzept der Wohlfühl-Intelligenz wird es möglich, das individuelle Wohlgefühl als Ganzes zu betrachten.

Auf den ersten Blick scheint das ein ziemlich egoistisches Unternehmen zu sein. Doch der Eindruck täuscht. Subjektives Wohlbefinden strahlt in Form von besserer Laune auf Ihre Mitmenschen aus. Jeder geht lieber mit Leuten um, die eine glückliche Ausstrahlung vermitteln. Wenn Sie Ihre Wohlfühl-Intelligenz verbessern, haben auch die anderen einen Nutzen davon.

TIPP

Rufen Sie sich Momente in Erinnerung, in denen Sie in ausgesprochen fröhlicher Laune waren! Versuchen Sie einmal, sich ein oder zwei dieser Augenblicke mit allen Einzelheiten so detailliert wie möglich zu vergegenwärtigen. Wäre es nicht toll, sich auf Dauer in gehobener Stimmung zu befinden?

Entdecken Sie Ihre Wohlfühl-Intelligenz

Was dem einen der Weg, ist dem andern das Ziel

Auf den ersten Blick scheint es nicht schwierig, rund um die Uhr für das eigene Wohlbefinden zu sorgen. Der Markt ist voll von Lifestyle-Angeboten, angefangen von duftenden Essenzen für das abendliche Bad, über Cremes, Sonnen- und Fitnessstudios, Schönheitsfarmen, Kursen für autogenes Training, Meditation oder fernöstliche Kampfkunst bis hin zu Flirttraining und Singlepartys. Wie kommt es, dass sich so viele Menschen, die das Geld und die Zeit haben, alle diese Möglichkeiten wahrzunehmen, unglücklich fühlen?
Die Vielzahl der Wellness-Angebote bietet nicht nur eine Chance, sondern auch eine Gefahr. Wir ertrinken in einem Überangebot von Informationen und schnell wechselnden Moden. Die neueste Wunderdiät von gestern ist heute schon veraltet, was heute als empfehlenswert und gesund gilt, wird vielleicht morgen schon als Risiko eingestuft. Wer versucht, in diesem Chaos den Überblick zu behalten und stets über den neusten Stand informiert zu sein, befindet sich von vornherein auf verlorenem Posten. Da kann der Versuch, das Leben zu genießen, schnell in Frust und Verzweiflung umschlagen. Aufgeschlossenheit ist wichtig – noch wichtiger aber ist die Fähigkeit, sich selbst zu führen. Mehr denn je ist eine starke Persönlichkeit

Die Qual der Wahl

Den Überblick behalten

gefragt, die nie aus den Augen verliert, dass all die schönen Angebote für uns da sind, und nicht umgekehrt wir die zahlende Marionetten eines boomenden Erlebnismarktes darstellen.

Mein Tipp

Ein Grundpfeiler der Wohlfühl-Intelligenz heißt Autonomie. Ein starkes Ich steht unerschütterlich wie ein Fels in der Brandung der hereinstürzenden Informationen. Was ihm nützlich erscheint, hält es fest, alles Übrige lässt es ohne Bedauern an sich vorbeirauschen. Das Bestreben, immer auf der Höhe der Zeit zu sein, darf nicht zu einer Fessel werden.

Was die einen als Orientierungslosigkeit beklagen, bedeutet für die anderen Freiheit und Selbstbestimmung. Wahr ist: Keine Institution liefert uns mehr verbindliche Normen. Wir sind gezwungen auszuwählen. Soll uns nicht allein der Zufall regieren, brauchen wir wohlüberlegte Kriterien, was wir beachten und was wir lieber ignorieren. Das kann auch eine Entscheidung gegen die Mehrheit und gegen eine gerade aktuelle Mode sein.

Den eigenen Stil finden Mehr denn je benötigen wir feste Eckpunkte im Dasein. Mit ihnen verleihen wir unserem Leben einen unverwechselbaren Stil. Wir gewinnen Individualität und heben uns aus der Masse heraus. Wer sich für einen bestimmten Stil entscheidet, kann in Zukunft der Informationsflut und der Alltagshektik mit größerer Gelassenheit gegenübertreten. Er beherrscht die Kunst des stillen Genießens.

Zwei Arten von Entscheidungen sind möglich. Zu welcher neigen Sie? 1. Typ »Erfolgsintelligenz«: Sie ist ergebnisorientiert. Schon in der Schule werden wir motiviert, vor allem für gute Zensuren zu lernen. Nur wer Spitzennoten erzielt, bekommt den besten Studienplatz und später den besten Job. Ob dem Kind das Lernen selbst Spaß macht, interessiert niemanden. So ist es auch im Leben. Immer wieder werden wir danach beurteilt, ob wir Ergebnisse bringen – auch um den Preis von Stress, Erschöpfung und dem subjektiven Gefühl der Sinnlosigkeit. 2. Typ »Wohlfühl-Intelligenz«: Sie ist prozessorientiert. Für Menschen mit Wohlfühl-Intelligenz ist der Weg das Ziel. Sie richten ihr Handeln nicht krampfhaft auf ein schwieriges Endziel aus, das vielleicht nur für wenige zu erreichen ist, und verzichten in der Zwischenzeit auch nicht darauf, ihr Leben zu genießen. Im Gegenteil, ihr Motto lautet »Genieße den Augenblick.«

Erfolg und Wohlfühlen müssen sich nicht ausschließen. Wenn Sie einem angenehmen Hobby oder Beruf nachgehen können und am Ende sogar noch etwas Tolles dabei herauskommt – umso besser. Erfolge beflügeln uns weiterzumachen. Wohlfühlintelligente Menschen werden aber ihr Tun nicht deswegen für vergeblich halten, nur weil sie am Ende nicht die Prüfung als Jahrgangsbeste abschließen. Denn jeder Erfolg – Geld, Reichtum, Anerkennung oder Auszeichnungen in Sport, Kunst oder Wissenschaft – hat eine gefährliche Kehrseite: Er verleitet dazu, die Messlatte immer höher zu legen. Im Augenblick des Triumphes sind wir glücklich und glauben uns am Endpunkt

Erfolg ist nicht alles!

Höher, schneller, weiter – glücklich nur bei Sieg?

aller Wünsche. Doch nach einiger Zeit gewöhnen wir uns an diesen Zustand und beginnen von einem gesteigerten Anspruchsniveau aus nach den nächsthöheren Zielen zu streben. Selbst wenn es gelingen sollte, auch diese Stufe des Erfolgs zu erklimmen, so fällt die Freude geringer aus als beim ersten großen Triumph. Denn man gewöhnt sich mit der Zeit nicht nur immer wieder an den jeweiligen Erfolg, sondern auch an das Siegen selbst.

Sobald Erfolge kein Glückspotential mehr bieten, suchen große Stars, die alles erreicht haben, was sie an Berühmtheit erlangen konnten, einen neuen Lebenssinn. Wie Tennis-As Steffi Graf im sozialen Engagement für Kinder der Dritten Welt, Sängerin Madonna in den Freuden der Mutterschaft oder Schauspieler Richard Gere im Buddhismus.

Die Psychologie hat sich erst in den letzten Jahren der Erforschung des Sichgutfühlens zugewandt. Lange Zeit interessierte sie sich allein für das Unwohlsein. Sie erforschte Depressionen, Neurosen und andere Leiden der Seele und entwickelte Therapien gegen alle Arten von Störungen. Zufriedenheit und Wohlbefinden finden erst seit kurzem das Interesse der Wissenschaft und die Forschungen dauern an. Die bisherigen Ergebnisse zeigen jedoch, dass glückliche Menschen über eine Reihe gemeinsamer Fähigkeiten verfügen, die sich als Regeln formulieren und erlernen lassen: die Wohlfühl-Intelligenz.

Individualität – Das Gemeinsame in der Verschiedenheit

Wer sich im Innersten gut fühlt, wird die drei nebenstehenden Sätze ohne Einschränkung bejahen. Materieller Wohlstand, die berufliche Position und Glücksgüter wie Klugheit oder Schönheit haben dagegen einen erstaunlich geringen Einfluß auf diese Selbstbewertung. Sie verschaffen nur ein kurzzeitiges Hochgefühl. Selbst ein Sechser im Lotto verbessert das seelische Befinden nur ein paar Monate, wie man aus Befragungen von Gewinnern weiß.

*Ein gesundes Selbst-
bewusstsein ist ein
Baustein der Wohlfühl-
Intelligenz*

Umgekehrt werden Menschen, denen ein schlimmes Unglück zustößt, nur vorübergehend aus der Bahn geworfen, sofern sie sich vorher wohl fühlten. Eine Untersuchung an Querschnittsgelähmten zeigte, dass sie etwa ein Jahr nach dem Unfall ihr früheres inneres Gleichgewicht wiedererlangten. Im Durchschnitt fühlen sich Behinderte nicht unglücklicher als Nicht-Behinderte. Viel gefährlicher für die seelische Balance ist eine Serie täglicher kleiner Misserfolge, denen keine Erfolgs- erlebnisse gegenüberstehen. Sie können die Stimmung auf Dauer ins Negative verschieben – es sei denn, eine hohe Wohlfühl-Intelligenz gestattet den Betroffenen, sich gegen Schicksalsschläge zu wappnen. Aus einem hohen Selbstwertgefühl erwächst ein gesunder Egoismus, der sich fragt: Welche Lebensweise tut mir gut? Eine wichtige Voraus- setzung ist Selbsterkenntnis. Beobachten Sie möglichst unvoreinge- nommen, welche Ihrer Tätigkeiten Ihnen wirklich gut tun und was Sie nur aus Gewohnheit oder Pflichtbewusstsein erledigen. Eine positive Gemütslage ist nicht durch bloße Willensanstrengung zu erreichen. Ich nehme mir vor: Ab Neujahr werde ich mich nur noch wohl fühlen – ein solcher Vorsatz muss scheitern. Der Weg zu dauerhaftem Wohl- befinden führt vielmehr über die Vielzahl kleiner Tätigkeiten, die wir Tag für Tag verrichten und die unsere Stimmung beeinflussen. Fragen

**Wie stark ist
Ihr Selbstwertgefühl?**

Sie sich: Welche Handlungen bauen mich innerlich auf und welche nicht? Wo liegen meine Stärken? Welche Fähigkeiten müsste ich noch erwerben, um meinen Charakter zu festigen und mich gegen Stress zu wappnen?

Sicher kennen Sie Leute, die besser mit dem Leben zurechtzukommen scheinen als Sie. Falls es sich nicht ohnehin um einen Beobachtungsfehler handelt – vielleicht verbergen die anderen nur ihre Achillesfersen geschickter als Sie –, so verstellt der neidvolle Vergleich mit anderen den Blick auf die eigenen, andersartigen Glücksmöglichkeiten. Wenn Sie nur auf sich schauen, gewinnen Sie einerseits mehr Gelassenheit im Umgang mit sich selbst und andererseits Toleranz bei der Begegnung mit fremden Lebensentwürfen. Das Verlangen, andere unbedingt von der Richtigkeit der eigenen Maximen überzeugen zu müssen, entfällt.

TIPP

Eine wichtige Regel hoher Wohlfühl-Intelligenz lautet: Vergleichen Sie sich nicht mit anderen! Nehmen Sie nur sich selbst zum Maßstab Ihrer Handlungen und Wünsche.

Machen Sie sich zum Maß der Dinge! Sobald Sie erkannt haben, was Ihnen gut tut und was nicht, können Sie Diäten, Fitnessprogramme, Kleidermoden und andere Gesundheits- und Schönheitstipps auf Ihre Tauglichkeit für Ihre Bedürfnisse prüfen statt – wie viele es tun – Woche für Woche eine neue Diät auszuprobieren und sich nach jedem Misserfolg immer wertloser und verzweifelter zu fühlen.

Eine gewisse Experimentierfreude gehört freilich dazu. Von einer Sache, die Sie nie ausprobiert haben, können Sie nicht zweifelsfrei wissen, wie sie sich auf Ihr Wohlbefinden auswirkt. Sowohl vom Freizeitsport als auch vom sozialen ehrenamtlichen Engagement ist bekannt, dass viele Leute, die anfangs nur aus Pflicht mitmachten (weil der Arzt, der Chef oder der Ehepartner es verlangten), dabei blieben, als der äußere Zwang wegfiel.

Flexibilität Welche Lebensprinzipien Sie auch als die Ihren betrachten: Bleiben Sie flexibel in der Umsetzung. Perfektionisten und Pedanten sind die Sklaven Ihrer Lebensregeln und fühlen sich unglücklich, weil Ihr Alltag voller Fehler und Unvollkommenheiten steckt. Das (wohlfühl-) intelligente Maß finden Sie, wenn Sie einerseits Ihre Überzeugungen nie verleugnen, aber gleichzeitig auf neue Trends und Anforderungen reagieren, indem Sie das für Sie Geeignete auswählen und an Ihren Stil anpassen – nicht umgekehrt!

Souveränität – Das Geheimnis der starken Persönlichkeit

Fühlen Sie sich als Meister Ihres Geschicks? Oder vielmehr als Spielball der Umstände? Falls Ihre Antwort lautet »Teils – teils«, empfehle ich Ihnen folgenden kleinen Test:

Wie abhängig sind Sie von Ihrer Umwelt?

Schreiben Sie wahllos untereinander, was in Ihrem Leben eine Rolle spielt: Ehealltag, Arbeitstätigkeiten, Hobbys, Kinder, Freunde, Verwandte, Geldsorgen – alles, was Ihnen einfällt, so konkret wie möglich. Finden Sie so viele Punkte, wie es geht, aber auf keinen Fall weniger als zwanzig. Dann machen Sie ein Kreuz hinter allem, worüber eher andere bestimmen, und einen Stern hinter allen Zeilen Ihrer Aufzählung, bei denen die Initiative von Ihnen ausgeht. Überlegen Sie zum Beispiel:

- Haben Sie Ihre Arbeit, Ihren Partner bzw. Ihr Singledasein selbst ausgesucht oder sind Sie ausgesucht worden?
- Welcher Anteil Ihrer Freizeit ist wirklich Zeit zu Ihrer freien Verfügung und wieviel ist verplant für Haushalts- und andere Pflichten?
- Welche Lebensumstände könnten Sie sofort und ohne Probleme ändern und in welchen verharren Sie, obwohl Sie nicht so recht zufrieden damit sind, weil Änderungen ernsthafte Schwierigkeiten nach sich ziehen würden?

Am Ende zählen Sie Ihre Sternchen und Kreuze zusammen. Was überwiegt? Wenn die Kreuze überwiegen, fühlen Sie sich eher fremdbestimmt, überwiegen die Sterne, führen Sie ein eher selbstbestimmtes Leben. Je größer der selbstbestimmte Anteil des Daseins, desto größer sind im Allgemeinen die innere Souveränität und das Wohlbefinden.

Stress oder Spaß?
Wie Sie sich fühlen,
hängt von Ihrer inneren
Einstellung ab

Erstaunlicherweise spielt dabei keine große Rolle, wie stark die äußeren Zwänge tatsächlich sind. Mancher Alleinlebender kann über seine gesamte Zeit verfügen, es fehlt ihm weder an Geld noch Gelegenheiten, aber das Gefühl einer aufgezwungenen Einsamkeit lässt ihn in Passivität verharren. Dagegen gibt es Familienmütter und -väter, die von ihren drei wilden Sprösslingen auf Trab gehalten werden und schon lange keinen freien Abend mehr für einen Theaterbesuch fanden. Doch das Gefühl, sich ihre Pflichten gern und freiwillig auferlegt zu haben, hält sie bei Laune.

Mein Tipp

Entscheidend ist die innere Einstellung. Souveräne Menschen haben das Gefühl, die Fäden ihres Geschicks selbst in der Hand zu halten, auch dann, wenn nicht alle ihre Pläne in Erfüllung gehen. Das Gute, das ihnen widerfährt, ist das Verdienst ihrer eigenen Anstrengungen. Selbst glückliche Zufälle erleben sie häufig, weil sie durch ihr Handeln deren Eintreffen unterstützt haben.

Für selbstbewusste Realisten haben Missgeschicke ihre Ursache in ungünstigen Umständen, teilweise auch in eigenem Fehlverhalten. Kein Grund zu lamentieren, sondern eine Chance, Lehren zu ziehen und Schwierigkeiten als zu bewältigende Herausforderungen in Angriff zu nehmen.

In der Tat zeigt sich der Unterschied zwischen vorhandener und fehlender Souveränität am stärksten in Lebenskrisen. Solange alles wie am Schnürchen läuft, geht es auch Melancholikern und Schwarzsehern einigermaßen gut. Ganz anders, wenn das Schicksal mit voller Wucht zuschlägt: Ein nahe stehender Mensch stirbt plötzlich oder macht sich mitsamt den Sparbüchern aus dem Staub, man wird Opfer eines Überfalls, eines schweren Unfalls oder das neu gebaute Haus brennt ab.

Stark in Lebenskrisen

Nicht souveräne Menschen versuchen die Katastrophe zu leugnen. Sie leben möglichst weiter wie bisher und betäuben ihren Schmerz, indem sie sich ablenken oder zu Alkohol oder Tabletten greifen. Sie fühlen sich als Opfer, Unglücksrabe oder als wertlos. Sie grübeln, kapseln sich ab und quälen sich endlos mit Sätzen wie:

• Ich werde nie wieder glücklich sein.

• In meiner Lage musste es so kommen.

• Mit mir kann man das eben machen.

Selbstakzeptanz statt Selbstvorwürfe

Dazu kommen Selbstvorwürfe, ein ständiges, nachträgliches Korrigieren der Vergangenheit in Gedanken:

• Hätte ich nur damals …

• Wenn ich ihr nur nicht erlaubt hätte …

• Wieso habe ich nicht aufmerksamer registriert, wie er sich in letzter Zeit verändert hat?

Nicht souveräne Menschen verhalten sich wie ein defekter Gummiball, der auf dem Boden aufschlägt und eine Delle zurückbehält. Ein heiler Ball dagegen wird beim Aufprall zwar kurz eingedrückt, aber gleich kommt von innen ein Gegendruck, der die Hülle wieder nach außen presst und ihn nach oben zurückschnellen lässt. So verhalten sich souveräne Charaktere.

Niemals Problemen ausweichen!

Auch sie reagieren auf Katastrophen zuerst mit Ungläubigkeit und Erschrecken. Aber sie wissen: Durch Wegsehen verschwindet das Unglück nicht. Sie ziehen sich zunächst zurück, um den Schrecken und die Trauer zu verarbeiten. Dann aber stellen Sie sich dem Problem und suchen eine Lösung. Häufig, indem Sie die Hilfe anderer in Anspruch nehmen. Sie erzählen nahen Freunden, was ihnen zugestoßen ist und sprechen über ihre Wut und Enttäuschung. Dann organisieren Sie Ihr Leben so um, dass sie die folgenden Wochen des Schmerzes und Verlassenseins bewältigen und sich ihnen neue Perspektiven eröffnen.

Souveränität drückt sich in einer Reihe typischer Verhaltensweisen aus wie:

Aktiv und eigenständig handeln

In unklaren oder negativen Situationen lieber die Initiative ergreifen statt abzuwarten. Untersuchungen zeigen, dass Menschen zufriedener sind, wenn sie Entscheidungen treffen (selbst wenn diese sich später als falsch herausstellen), als wenn sie abwarten, bis die Umstände für sie entscheiden.

Die eigenen Wünsche äußern, aber bei ihrer Umsetzung Kompromissbereitschaft zeigen. Wem es an Souveränität fehlt, der verzichtet entweder oder versucht im Gegenteil, sich mit Befehlen, Wutausbrüchen oder Gewalt durchzusetzen, ungeachtet der langfristigen Folgen für seine Beziehungen zu seinen Mitmenschen.

Dem Gruppendruck widerstehen. Souveränität schließt die Fähigkeit ein, seine Überzeugung aufrechtzuerhalten, auch wenn man allein auf weiter Flur steht. So wie Martin Luther, der 1521 auf dem Reichstag zu Worms allein einer erdrückenden feindlichen Mehrheit gegenüberstand. Als man ihn aufforderte, seiner Kirchenkritik abzuschwören, sagte er: »Hier stehe ich! Ich kann nicht anders.« Das schließt nicht aus, dass man im praktischen Miteinander mit Andersdenkenden Mit-

*Mut zum Anderssein
macht stark*

telwege finden muß. Eine starke Verhandlungsposition setzt aber
voraus, dass die eigene Meinung fest bleibt.

*Nicht immer hat
die Mehrheit Recht*

In einem berühmten Experiment wurde zehn Personen eine Serie von
jeweils zwei Fotos gezeigt, und sie sollten sagen, auf welchem der beiden
Bilder die dargestellte Linie kürzer war als auf dem anderen. Beim
ersten und zweiten Mal äußerten sich alle einstimmig. Vom dritten
Durchgang an hielt ein Teilnehmer die andere Linie für kürzer als die
übrigen neun. Als das mehrmals geschah, wurde der Teilnehmer un-
sicher und begann seine Wahrnehmung zu überprüfen, bis er schließlich etwa ab der zehnten Runde wieder mit der Meinung der übrigen
übereinstimmte. Was er nicht wusste: Die anderen neun Probanden
waren vorher instruiert worden, ab der dritten Runde absichtlich die
falsche Antwort zu geben. Das Experiment, das seither in vielen Varian-
ten wiederholt wurde, bewies, dass wir dazu neigen, unter dem Druck
einer Mehrheit gegen unsere eigene Überzeugung zu handeln, ja sogar
unsere Überzeugung wider besseren Wissens anderen anzupassen.

Antizipation – Damit Sie sich auch morgen noch wohl fühlen

Dieser Begriff steht für vorausschauendes Denken und Handeln. Wohlfühl-Intelligenz führt zwei Lebensprinzipien zusammen, die sich auf den ersten Blick zu widersprechen scheinen: einerseits den Augenblick genießen, andererseits die Zukunft nicht vergessen. Wohlfühlintelligente Menschen wollen sich nicht nur heute, sondern auch noch morgen und in den kommenden Jahren wohl fühlen. Selbst wenn sie im Moment in blendender Verfassung sind, wissen sie, wie schnell das Schicksal umschlagen kann. Sie rechnen mit den Wechselfällen des Lebens.

• Was ist, wenn die Geschäftsführung plötzlich Ihre Abteilung auflöst und sie entlassen werden?

• Wie reagieren Sie, wenn wider Erwarten Ihre bisher vorbildliche Ehe scheitert?

• Wie werden Sie leben, wenn aus heiterem Himmel eine ernste Krankheit zuschlägt?

• Sind Sie auf das Älterwerden vorbereitet?

Vorausplanendes Krisenmanagement – handeln, wenn die Probleme noch klein sind

Nur wer in Zeiten, in denen noch kein Anlass zu akuter Sorge besteht, über kommende Veränderungen nachdenkt, hat eine gute Chance, sich auf Dauer wohl zu fühlen. »Vorausplanendes Krisenmanagement« nannte der amerikanische Familientherapeut H. Norman Wright die Kunst, sich auszumalen, wie man reagieren wird, wenn der bisherige Lebensentwurf scheitern sollte. Dabei geht es gar nicht vorrangig um die großen Katastrophen wie Invalidität mit dreißig oder finanzieller Ruin, von denen die meisten verschont bleiben, sondern um so simple Fragen wie:

• Wie bewältigen wir den Stress, wenn unser erstes Kind geboren wird und es sich als labil, schwierig und ausdauernder Schreihals erweist?

• Wie werden wir miteinander umgehen, wenn in unserer jungen Ehe mit der Zeit tief greifende Meinungsverschiedenheiten und schwer zu ertragende Spannungen auftauchen?

Über Wege zum Erfolg berichten zahlreiche Bücher, Seminare und Experten, die ihre Beratung anbieten. Wie man mit dem Scheitern klarkommt, muss dagegen jeder mit sich allein abmachen. Zufriedene Menschen werden von Misserfolgen weniger stark aus der Bahn geworfen, weil sie mit ihnen rechnen und daher nicht kalt erwischt werden, wenn der Ernstfall tatsächlich eintrifft.

Mein Tipp

> Der römische Kaiser und Philosoph Mark Aurel beschrieb in seinen *Selbstbetrachtungen*, wie er sich zu Tagesbeginn gedanklich auf unangenehme Stunden vorbereitete: »Sage zu dir in der Morgenstunde: Heute werde ich mit einem unbedachtsamen, undankbaren, unverschämten, betrügerischen, neidischen, ungeselligen Menschen zusammentreffen … Keiner kann mir Schaden zufügen …«

Da der schlimmstmögliche Fall meistens nicht eintritt, erwächst daraus ein berechtigter Grund zur Hoffnung.

Unzufriedene Menschen beschäftigen sich in ihren Gedanken viel mit der Vergangenheit und hegen unrealistische Zukunftsträume. Trauer um verpasste Gelegenheiten und Phantasien von einem überwältigenden glücklichen Zufall – dem Märchenprinzen, einem Lottogewinn oder einer Riesenkarriere – sind nur ein notdürftiger Ersatz für einen eher deprimierenden Alltag. Irgendwann, mit fünfzig oder sechzig, sind die letzten Chancen auf einen grundlegenden Neuanfang vertan. Ihr Alter ist geprägt von Pessimismus und Depressionen.

Realistische Hoffnungen

Lebensfrohe Zeitgenossen leben gedanklich in der Gegenwart und einer realistisch vorausgeplanten Zukunft. Sie fragen sich bei allen Entscheidungen: Werde ich mich damit nicht nur heute, sondern auch noch in zehn Jahren wohl fühlen? Zugleich überlegen sie: Wie kann

I'm singing in the rain …

ich den eingeschlagenen Weg korrigieren, falls sich mein heutiger Entschluss irgendwann als falsch herausstellen sollte?

Die Praxis zeigt, dass sich gegenwärtiger Genuss und Vorsorge für die Zukunft sehr wohl miteinander vereinbaren lassen. Fitnessprogramme sollen uns gesund halten und Altersbeschwerden vorbeugen. Aber durch Sport steigen auch die Attraktivität und das Leistungsvermögen in der Gegenwart. Und das wichtigste: Fitness soll Spaß machen. Die Zeiten, in denen Freizeitsport ausschließlich körperliche Schwerstarbeit und Schweiß bedeutete, sind vorbei. Sanfte Fitnessformen und die Verbindung von Sport mit so vergnüglichen Elementen wie Musik,

Vorsorge mit Genuss Tanz und Kommunikation haben Körperertüchtigung zu einer Freizeitaktivität erhoben, die Genuss und gute Laune bringt. Das Gleiche gilt für viele andere Lebensbereiche:

• Kalorienarme Ernährung bedeutet längst nicht mehr Hunger und Verzicht auf alles, was schmeckt. Genuss an der Leichtigkeit ist mit leckeren Früchte- und Joghurtkombinationen allen zugänglich.

• Die moderne Kosmetik gestattet, Schönheit mit Schutz der Haut vor vorzeitigem Altern zu verbinden.

• Die Medizin richtet ihr Augenmerk längst nicht mehr nur auf die Behebung eingetretener Schäden, sondern bietet Programme zur Vorbeugung und Stärkung gesundheitsbewahrender Mechanismen wie dem Immunsystem an.

Kurz, es geht um maßvolle und intelligente Genussfähigkeit. Dass sich dahinter die Intelligenz zum Wohlfühlen verbirgt, haben Psychologen schon vor Jahren nachgewiesen. Bereits kleine Kinder unterscheiden sich in ihrer Antizipationsfähigkeit.

Intelligente Genussfähigkeit

Geben Sie einer Gruppe von Vorschulkindern die Möglichkeit zu wählen: Wollt ihr ein Bonbon sofort oder lieber verzichten und dafür nach dem Mittagessen eine halbe Tafel Schokolade? Die Kinder, die das Bonbon liegen lassen und auch nicht weich werden, wenn sie ihre Kameraden genussvoll lutschen sehen, können auch später mit Frustrationen und Stress besser umgehen und erweisen sich als psychisch stabiler und stärker. Sie lassen sich nicht von momentanen Vorteilen verlocken, sondern haben stets die längerfristigen Folgen im Blick. Dieses Entscheidungsmuster wird durch die Erfahrung verstärkt: Welch ein Triumph, wenn sie sich vor dem Mittagsschlaf über ihre Schokolade hermachen dürfen, während die spontanen Bonbonlutscher leer ausgehen!

Vieldimensionalität – So gewinnen Sie unerschöpfliche Leistungsreserven

Wer sich ausschließlich einem einzigen Lebensinhalt widmet, dessen Wohlbefinden beginnt bereits nach wenigen Wochen spürbar nachzulassen. Nur in Filmen erscheinen die Menschen beneidenswert, die von einer Sache so besessen sind, dass sie alles andere vergessen. In der Wirklichkeit leiden sie unter ihrer Eingleisigkeit. Der Job frisst sie auf, Elternpflichten halten sie den ganzen Tag auf Trab, ein Hobby fordert immer mehr Zeit, ohne dass die ersehnte Perfektion erreicht wird. Andere, denen eigentlich genug freie Zeit zur Verfügung steht,

Für Ausgleich sorgen

Wenn Mann mit dem Job verheiratet ist ...

verstricken sich mit ihrem Partner in Dauerkämpfe oder dösen täglich viele Stunde vor dem Fernseher.

Suchtverhalten ist ein typisches Anzeichen von Eindimensionalität. Egal, wovon man abhängig ist – Drogen, Alkohol, Tabletten oder einem seelischen Betäubungsmittel (Arbeitssucht, Kaufsucht, Telefonitis, stundenlangem Fernsehen) –, alles Denken und Fühlen verengt sich auf ein einziges Ziel. Nicht nur die Gesundheit ist gefährdet, sondern auch die Persönlichkeit verarmt.

Maßhalten, Regelmäßigkeit und ausbalancierte Interessen sind dagegen ein Garant für innere Ausgeglichenheit. Das klingt eher nüchtern und langweilig. Doch die aufregenden Exzesse, von denen Fernsehreportagen und Filme so gern erzählen, bieten nur dem Zuschauer einen echten Genuss.

Öfter mal etwas völlig Ungewohntes tun!

Befragungen zeigen, dass die meisten von uns sich in der Freizeit mit Dingen beschäftigen, die ihren Berufsinhalten ähneln. Handwerker basteln gern nach Feierabend und am Wochenende im Hobbykeller, Leute in Dienstleistungsberufen sind auch privat häufig kontaktfreudig, Intellektuelle verbringen die Abende mit der Lektüre interessanter

Bücher. Dieses Verhalten mag ein Hinweis dafür sein, dass sie einst einen Beruf wählten, der ihren privaten Vorlieben entspricht – ein Zeichen von Wohlfühl-Intelligenz ist es nicht.

> Ein rauschhaftes Leben bedeutet für die Betroffenen Getriebensein, Abhängigkeit von äußeren Anregungen, ständige Suche nach dem ultimativen Kick und dauerndem Wechsel zwischen Begeisterung, deprimierender Ernüchterung und neuer Hoffnung auf noch stärkere (und unter Umständen gefährlichere) Erlebnisse.

Mein Tipp

Jeder von uns kam mit einer Vielzahl möglicher Talente auf die Welt. Nur wenige davon wurden von unseren Eltern gefördert. Unsere eigene Auswahl an Lebensinhalten vertieft im Regelfall die Beschränkung auf wenige Betätigungsfelder weiter. Nur selten bringt es jemand fertig, sich im Erwachsenenalter völlig neu zu orientieren und wie einst die Maler Gauguin oder van Gogh eine schlummernde Begabung zu wecken und zu entfalten.

Wecken Sie Ihre vielseitigen Begabungen!

Schon der altgriechische Philosoph Aristoteles wusste, dass das rechte Lebensmaß im Vermeiden der Extreme liegt. Der Besitz sehr unterschiedlicher Fähigkeiten und Talente erlaubt uns die Anpassung an sehr verschiedene Alltagserfordernisse. Wir sollen im Job diszipliniert, logisch und sachlich handeln, bei unserem Steckenpferd kreativ sein, beim Kennenlernen fremder Menschen intuitiv und einfühlsam reagieren, bei Verhandlungen taktieren, gegenüber unseren Freunden dagegen aufrichtig und hilfsbereit auftreten, uns so richtig romantisch verlieben und im nächsten Moment wachsam und entschlossen auftreten, wenn ein Geschäftspartner uns übervorteilen will.

Wo liegt »das rechte Maß«?

Vielseitigkeit macht flexibel

Wer über viele Reaktionsmuster verfügt, besitzt Ausweichmöglichkeiten im Krisenfall. Wer dagegen sein ganzes Denken und Fühlen auf den Partner ausrichtet und Freunde, Hobbys und Beruf vernachlässigt, wird in ein tiefes Loch fallen, wenn die Beziehung zerbricht. Arbeitssüchtige und Karrieristen verwandeln sich in Selbstmordkandidaten, wenn die Firma pleite macht oder Stellen abbaut.

Wer sich umgekehrt in vielen Lebensbereichen engagiert, der verliert vielleicht 10 oder 20 Prozent seines Lebensinhalts, wenn ihm der Arbeitgeber kündigt, aber die übrigen 80 Prozent fangen ihn auf. Da sind die Familie, verständnisvolle Freunde, ein spannendes Hobby – und für alles ist nun mehr Zeit vorhanden als früher. Vielleicht bietet einer der Kontakte oder eine Freizeitbeschäftigung sogar einen Ansatz für einen beruflichen Neueinstieg.

TIPP

Es hat sich gezeigt, dass mehrdimensionale Persönlichkeiten gegenüber Stress und Krankheiten eine größere Widerstandskraft entfalten als einseitige Charaktere.

Wohlbefinden entwickelt sich dort, wo sich das Selbstwertgefühl aus mehr als einer Quelle speist. Totalverluste erschüttern den Lebensmut und lösen sogar Krankheiten aus, weil von seelischen Einbrüchen nachweislich das Immunsystem geschädigt wird. Die Psychologin Phyllis Moen fand in einer Studie über Frauen heraus, dass Frauen mit hoher Selbstkomplexität – ein Fachbegriff für durch Vielseitigkeit gekennzeichnete Individualität – länger leben und auffällig zufriedener sind als Frauen mit stark beschränktem Erlebnishorizont.

Stressresistenz

Vieldimensionalität bietet einen guten Schutz vor Dauerstress. Anspannung und intensives Arbeiten sind nicht von vornherein schädlich. Wenn wir uns auf eine Sache so sehr konzentrieren, dass wir alles um uns herum vergessen, mobilisiert der Körper zusätzliche Leistungsreserven, ähnlich wie in einer Gefahrensituation. Dies wurde bei Fallschirmspringern untersucht. Der kurze seelische Stress vor dem Absprung ließ in ihrem Immunsystem die »Killerzellen«, die fremde Eindringlinge wie Bakterien und Viren vernichten, um 200

Der kurze Thrill in einer Extremsituation mobilisiert Leistungsreserven

Prozent steigen. Ähnlich erging es erfolgreichen Managern. Auf dem Höhepunkt Ihres Arbeitstages verdoppelte sich vorübergehend die Anzahl dieser Killerzellen.

Dieser Mechanismus funktioniert aber nur, wenn der Anspannung spätestens nach wenigen Tagen eine längere Phase der Entspannung folgt. Hält die Spannung dauerhaft an, kann der Körper die Leistung nicht aufrechterhalten, das Immunsystem und die zusätzlich ausgeschütteten aktivierenden Hormone wie Noradrenalin fallen dramatisch ab. Während bei kurzzeitiger Anspannung der Betreffende auch subjektiv ein Leistungshoch erlebt – er arbeitet mit Begeisterung und fühlt sich wohl, weil er durch seine Konzentration die Aufgaben leichter bewältigt –, fällt es ihm nach einigen Wochen immer schwerer, das anfängliche Niveau zu halten. Die Einfälle bleiben aus, die Gedanken schweifen ab, tagsüber macht sich Müdigkeit bemerkbar, während man nachts immer schlechter einschlafen kann. Die Motivation sinkt rapide, man muß sich zur Weiterarbeit zwingen. Aus der Lust wird eine Last.

Wechsel von Anspannung und Entspannug

Pause machen, wenn's am besten läuft

Wenn Sie gerade über einer schwierigen Berechnung sitzen und sich eben richtig eingearbeitet haben, sollen Sie wieder aufhören? Ja! Spätestens dann, wenn Sie erste, leise Vorboten einer kommenden Ermüdung spüren. Schließen Sie Ihre Zahlenreihe nicht ab, sondern unterbrechen Sie an einer Stelle, wo Sie ganz genau wissen, wie es weitergeht. Machen Sie sich sicherheitshalber eine handschriftliche Notiz über die nächsten Schritte – und dann Schluss! Wenn Sie sich am folgenden Tag wieder daransetzen, lesen Sie Ihre letzten Berechnungen noch einmal durch und machen dann wie geplant weiter, so entfällt eine neue Einarbeitungsphase. Ich arbeite als Buchautor genauso. Deshalb kam ich noch nie in die peinliche Verlegenheit, mich morgens vor den Computer zu setzen, einen leeren Bildschirm anzustarren und mich zu fragen: Wie fange ich heute an? Ich beginne stets mit einem halb geschriebenen Absatz, der förmlich nach Vollendung schreit. So bin ich im Nu wieder drin. Und Sie werden mit Lust an Ihre Aufgabe gehen, weil Sie sich am Vortag nicht bis zur Lustlosigkeit erschöpften.

TIPP

Ein Motto der Wohlfühl-Intelligenz lautet: Wenn es am besten läuft, unterbrich deine Tätigkeit, um etwas völlig anderes zu tun.

Stattdessen nehmen Sie sich im Anschluss an Ihre Arbeit Zeit für ein entspannendes Bad, einen längeren Spaziergang oder halbstündigen Lauf durch den Park, einen gemütlichen Einkaufsbummel, spielen auf einem Musikinstrument oder legen einfach die Beine hoch und ruhen sich aus. Wenn Sie unter Termindruck stehen oder in einem Büro arbeiten, wo Überstunden zum guten Ton gehören, machen Sie wenigstens alle neunzig Minuten eine Pause, in der Sie sich körperlich bewegen und an etwas anderes denken als an Ihre Arbeit.

Wer jeden Tag je eine halbe Stunde für Fitness, ein kreatives Hobby, Pflege sozialer Beziehungen und ausgleichende Wohlfühl-Rituale ein-

plant, braucht keinen weiteren Gedanken an einen optimalen Wechsel von Anspannung und Entspannung zu
verschwenden. Vielseitigkeit hält unsere Gesundheit,
unsere Leistungsfähigkeit und unsere Motivation viel
besser intakt als jedes noch so ausgeklügelte Training.

TIPP

Zahlreiche Tipps für die kreative Minipause finden Sie im letzten Kapitel.

Gelassenheit – In der Geduld liegt die Kraft

Dies ist der Bestandteil der Wohlfühl-Intelligenz, der am stärksten von
angeborenen Temperamentsunterschieden abhängig ist. Wer schon
als Kind rasch und impulsiv handelte, wird auch später Schwierigkeiten
haben, auftauchenden Widerständen mit innerem Abstand zu begegnen. Wer hingegen mit einem dicken Fell auf die Welt kam, hat es
leichter, Ruhe zu bewahren. Seine Passivität kann aber dazu führen,
dass er wichtige Chancen ungenutzt verstreichen lässt.
Intelligente Geduld ist die Frucht langer Erfahrung. Sie findet den
Mittelweg zwischen spontaner Sofortreaktion und passivem Ignorieren unbequemer Anforderungen.

Der Unterschied zwischen Gelassenheit und Ungeduld liegt
im subjektiven Umgang mit der Zeit. Wem es an innerer Ruhe
fehlt, der lässt sich das Tempo äußerer Ereignisse aufzwin-
gen. Geduldige Menschen handeln dagegen nach ihrem eigenen, subjektiven Zeitgefühl.

Mein Tipp

Die gesellschaftlichen Umstände machen es uns nicht leicht, unseren
eigenen Rhythmus zu bewahren. Unser Leben wird vom Sekunden-
und Minutentakt monoton tickender Uhren bestimmt, auch außerhalb der Arbeitszeit: Sonntag halb zehn Frühstück, von zehn bis
halb zwölf Hausputz, dann Mittagessen kochen, halb eins essen, ab
halb zwei Spaziergang, danach telefonieren, sechzehn Uhr Kaffee
trinken … – so strukturiert der verplante Mensch sein Leben.

Freizeit – freie Zeit? Sogar als Single! Damit ihnen am Wochenende »nicht die Decke auf den Kopf fällt«, legen die Alleinwohnenden einen Terminplan fest, der ihr Dasein zergliedert. Und verzichten so auf die Freiheit, ihre Freizeit in freie Zeit zu verwandeln. Nur der kann sich genussvoll auf die faule Haut legen, der in der übrigen Zeit viel zu erledigen hat.

Die meisten von uns plagt freilich die gegenteilige Schwierigkeit. Die Zeit zwischen Aufstehen und Schlafengehen ist mit so vielen Aufgaben gefüllt, dass wir uns wünschen, der Tag hätte 36 Stunden. Acht von zehn empfinden bei ihrer Arbeit Stress. Nach einer internationalen Studie stehen die Deutschen in puncto Genussfähigkeit an letzter Stelle in Europa. Ganz vorn liegen dagegen die Holländer.

Soziologische Untersuchungen ergaben, dass mit steigendem Bildungsgrad und Wohlstand das Zeit-Unwohlsein zunimmt. Also die Sorge, nicht genug Zeit zur Verfügung zu haben. Zeitmanagementseminare, die Abhilfe versprechen, erfreuen sich deshalb vor allem bei Führungskräften und Selbständigen mit einer Sechzig-Stunden-Woche einer wachsenden Beliebtheit.

Der Terror der Minuten und Sekunden Sie können freilich nur die vorhandene Zeit effektiver einteilen. Neue, zusätzliche Zeit schaffen können sie nicht. Am Ende besteht das Leben der Teilnehmer nur noch aus nützlichen, genau abgemessenen Tätigkeiten. Selbst die Muße wird in effektiven Tagesabläufen zu einer »sinnvollen« Beschäftigung degradiert, für die von vornherein nur eine bestimmte Minutenzahl vorgesehen ist. Das paradoxe Ergebnis: Die durch exakte Planung freigesetzten Stunden werden sofort wieder verplant. Am Ende hat der verplante Mensch genauso wenig Zeit wie vorher, aber mehr zu tun.

Vor der Erfindung exakter Uhren richteten sich die Menschen nach den Rhythmen der Natur. Die notwendige Dauer der wichtigsten Tätigkeiten bestimmte die Zeiteinteilung. Im Alten Testament (Prediger Salomo 3, 1) heißt es: »Ein jegliches hat seine Zeit, und alles Vornehmen unter dem Himmel hat seine Stunde.« Die Rückkehr in mit-

Abschalten, ohne
auf die Uhr zu sehen

telalterliche Zustände kann nicht das Ziel sein, wohl aber, unseren Handlungen die Zeit zu geben, die sie benötigen. Das verhilft uns zu mehr Gelassenheit und reduziert die Stressanfälligkeit.

Nach einer Umfrage des Hamburger Gewis-Instituts ist für Frauen Zeitmangel der Stressfaktor Nummer eins. 37 Prozent wissen oft nicht, wie sie Beruf, Kinder und Hausarbeit zusammen schaffen sollen. Jede vierte fühlt sich oft überfordert, weil sie nicht »nein« sagen kann und sich deshalb zu viele Aufgaben auflädt.

Geduldige Leute halten sich unter anderem an folgende Prinzipien:

Weniger Zeit verplanen. Wer nur einen Teil seines Zeitbudgets im Voraus vergibt, kann sich erstens Zeit lassen und gewinnt zweitens »Zeitlöcher« – kleine Pausen zum Abschalten, zum Nachdenken, aber auch für spontane Augenblickslaunen.

»Nein« sagen lernen. Sie haben nicht nur Pflichten anderen, sondern auch sich selbst, Ihrem Wohlbefinden, gegenüber. Geben Sie Ihrem Zeitplan oberste Priorität. Wenn Sie sich ständig fremdem Drängen beugen, wird man Ihnen beim nächsten Mal nur noch mehr aufbürden.

So gewinnen Sie
Zeit für sich

Sie brauchen Ihr »Nein« nicht zu begründen. Wenn Sie konsequent dabei bleiben, wird Ihre Umgebung Ihre Entscheidung respektieren und mit der Zeit lernen, sich selbst zu helfen.

Die Mitte zwischen Über- und Unterforderung finden. Wo sie liegt, hängt von der individuellen Leistungsfähigkeit ab, und die ist für keine zwei Menschen gleich. Wer mit Begeisterung seine Aufgaben in Angriff nimmt, erreicht oft einen Zustand der Selbstvergessenheit, in dem er jedes Zeitgefühl verliert. Nur durch Erfahrung erwirbt man die Sensibilität für den Zeitpunkt, an dem das Leistungshoch überschritten wird. Es ist ratsam, an dieser Stelle aufzuhören. Überforderung zerstört Kreativität und Motivation, Unterforderung erzeugt Langeweile. Manchmal wird der euphorische Zustand der Selbstvergessenheit erst erreicht, wenn man anfängt, seine Grenzen zu überschreiten, etwa beim Marathonlauf. Sie entwickeln sich zu unvergesslichen Höhepunkten, wenn sie Ausnahmen bleiben.

Finden Sie Ihren persönlichen Rhythmus

Die Dauer von Leerzeiten akzeptieren. Schlange stehen an der Kasse, in dichtem Verkehr im Stop and go von der Arbeit nach Hause schleichen, beschäftigungslos auf einen sich verspätenden Kunden warten – ungeduldige Menschen haben große Probleme, Zeitphasen zu ertragen, in denen sie nichts tun können außer abwarten. Die meisten versuchen, die »verlorene« Zeit später durch zusätzliche Eile auszugleichen. Das ist nicht nur stressig und gefährlich, sondern der vermeintliche Zeitgewinn erweist sich bei genauerem Hinsehen auch als Illusion.

Ein Reporter von »Men's Health« wollte es genau wissen und fuhr im Sommer 1999 seine vier Kilometer zur Arbeit in drei verschiedenen Fahrstilen: rasen, sicher (fahren nach Vorschrift) und schlampig (ein bisschen zu schnell, nervös, viel fluchen). Erstaunt stellt er fest: Durch Rasen war er nur 60 Sekunden schneller als im sicheren Fahrstil. Mit Fahren nach Vorschrift kam er sogar eine halbe Minute schneller ans Ziel als bei seinem gewohnten schlampigen Fahrstil.

Minipausen. Mitten in der größten Hektik mal innehalten und langsam durchatmen. Notwendige Haushaltspflichten nicht in einem Block als unangenehmes Muss abarbeiten, sondern als kleine Abwechslungen über den Alltag verteilen. Längere Beschäftigungen lieber etwas strecken und mit andersartigen Tätigkeiten durchsetzen. Zwischen schroffen Übergängen (Arbeit – Freizeit) Übergangszeiten einplanen. Eine Untersuchung zeigte, dass Menschen nach einem schlauchenden Arbeitstag ihre Anspannung in das Familienleben hineintragen, wenn sie keine Gelegenheit finden, zwischendurch abzuschalten. Liegt beispielsweise eine konfliktreiche Sitzung hinter ihnen, reicht ein kleiner Anlass, dass sie zu Hause ihren streitenden Gesprächsstil von der Arbeit fortsetzen. Angestellte, die vor der Heimkehr einen kurzen Spaziergang oder einen Einkaufsbummel unternahmen, konnten viel leichter »umschalten«.

Einmal strecken und dehnen ist die perfekte Minipause

Soziale Netzwerke – Einen Zweig kann man brechen, zwanzig halten stand

Den größten Schaden richtet der wachsende Termindruck bei Vorgängen an, die sich beim besten Willen nicht beschleunigen lassen. Dazu gehören soziale Beziehungen. Die Entwicklung einer Liebesbeziehung oder einer Freundschaft benötigt Zeit, um Vertrauen aufzubauen und sich von vielen Seiten kennenzulernen. Und das dauert länger, als die meisten Spielfilme vermuten lassen.

Das Bedürfnis nach sozialen Kontakten ist unterschiedlich ausgeprägt. Manche offene und fröhliche Charaktere brauchen ständig Trubel um sich, andere fühlen sich nur wohl, wenn sie sich längere Zeit von ihren Mitmenschen zurückziehen können. In unserem Zeitalter klagen die meisten eher über ein Zuwenig an Beziehungen als über ein Zuviel.

Freundschaft und Liebe

Sechs Millionen Deutsche fühlen sich einsam. Die Untersuchungen der Psychologen bestätigen denn auch, dass funktionierende soziale Netzwerke eine Grundbedingung subjektiven Wohlbefindens sind. Obwohl unsere Mitmenschen nicht nur eine Quelle von Geselligkeit und Kameradschaft, sondern auch von Ärger und Unglück sind, wiegt der Vorzug, für andere wichtig zu sein, sich aussprechen und vieles gemeinsam unternehmen zu können, schwerer als die Gefahr, enttäuscht und betrogen zu werden.

Mein Tipp

Das Glücksgeheimnis besteht darin, seine Freundschaften auch dann zu pflegen, wenn man keinen besonderen Anlass hat, mit den anderen in Kontakt zu treten. Die meisten Menschen sammeln ihre Freundschaften eher zufällig und bemerken es kaum, wenn sie die eine oder andere ihrer langjährigen Bekanntschaften allmählich aus den Augen verlieren.

Wohlfühlintelligente Leute verwenden viel Sorgfalt auf ihr Beziehungsnetz. Sie unterhalten Kontakte zu Personen unterschiedlichster Art. Die einen tragen ihnen Informationen zu, an die kein anderer herankommt. Andere öffnen ihnen Türen, die ihnen früher verschlossen blieben. Zu der einen Freundin gehen sie, um sich auszusprechen, wenn ihnen ein Kummer auf der Seele liegt, die andere ist das perfekte Medium für Klatsch und Tratsch. Nicht zu vergessen Bekannte für gemeinsame Unternehmungen, Babysitter, Schulfreunde, Kumpel mit speziellen handwerklichen Begabungen und lockere Geschäftskontakte.

Die Kunst der Beziehungspflege

Wie kann man über ein Dutzend Kontakte am Laufen halten, ohne dass die Freundschaften mit der Zeit oberflächlich werden und schließlich in Vergessenheit geraten? Das ist nicht schwer, wenn ein echtes mitmenschliches Interesse besteht. Wenn man sich ohne Appelle ans eigene Pflichtbewusstsein Fragen stellt wie:

• Karin hat sich neulich mit Ihrer neuen Flamme gestritten. Ich wüsste zu gern, ob sie noch zusammen sind.

• Ob Jutta das Araberpferd gekauft hat, von dem sie letzten Monat so begeistert am Telefon erzählte?

• Was mag bei der Untersuchung herausgekommen sein, zu der Ingrid wegen ihrer Blutwerte ging? Hoffentlich nichts Ernstes.

TIPP

Rufen Sie täglich zwei bis drei Leute aus Ihrem Bekanntenkreis an oder schicken Sie eine E-Mail, auch wenn Sie keinen besonderen Anlass haben.

Nicht die Zahl der Telefonate oder persönlichen Begegnungen ist entscheidend. Sondern ob das Gespräch über ein unverbindliches Geplauder hinausgeht bis zu den Sorgen und kleinen Erfolgen, die den anderen beschäftigen. Intimität ist eine Frage der seelischen Nähe, nicht des Zeitaufwandes. Das Zeitproblem in der Beziehungspflege ist noch am einfachsten zu lösen – dank des Telefons.

Jeder freut sich, wenn gute Freunde anrufen, ohne gleich ein bestimmtes Anliegen vorzutragen. Wenn Sie positive Neuigkeiten hören – der eine ist Vater geworden, der andere auf der Karriereleiter nach oben gefallen –, schicken Sie eine Glückwunschkarte. Erfahren Sie von einem Kummer, hören Sie geduldig und einfühlsam zu. Auf diese Weise werden Sie mit jedem Ihrer Freunde mindestens einmal im Monat in Verbindung treten. Darüber hinaus versuchen Sie jeden wenigstens einmal im Jahr zu besuchen oder laden ihn umgekehrt als Gast ein. Wenn Sie das zeitlich nicht schaffen sollten, dann veranstalten Sie zweimal im Jahr (zum Beispiel zu Ihrem Geburtstag und zu Silvester) eine große Fete und laden Sie alle ein. Da Sie von den meisten Gegeneinladungen erhalten, sehen Sie sich zu diesen Gelegenheiten mehrmals im Jahr. Vielleicht fallen Ihnen noch weitere Anlässe ein, um sich im größeren Kreis zu treffen. Eine solche Beziehungspflege reicht aus, dass Sie im

Für einen Plausch mit Freunden sollte immer Zeit sein

Ernstfall sofort auf ein halbes Dutzend Leute zurückgreifen können, die bei einem Hilferuf rasch herbeieilen.

Selbst-Entwicklung – Veränderung ist Trumpf

Wohlfühlintelligent zu leben ist kein ein für alle Mal erreichbarer Zustand. Wer es geschafft hat, sein Leben bequem einzurichten, und nun hofft, sich auf seinen Lorbeeren ausruhen zu können, wird eine schwere Enttäuschung erleben. Selbst perfektes Wohlbefinden verwandelt sich mit der Zeit in Unzufriedenheit, wenn die Welt sich weiterentwickelt, in unseren Werten und Gewohnheiten aber Stillstand herrscht. Das Einssein mit sich und dem Leben muss ständig neu errungen werden.

Alles verändert sich – Sie auch?

Wir leben in den westlichen Industrieländern in vergleichbar hohem Wohlstand. Unser Dasein ist gut ausgepolstert. Risiken wie Hunger, Kriege und Totalverluste unserer Besitztümer sind dank Rechtsstaat, allgemeinem Lebensstandard und Versicherungen recht gering. Dagegen wachsen die Möglichkeiten, jeden (nicht allzu teuren) Wunsch, der sich in uns regt, sofort zu erfüllen. Ein typisches Symptom für diese Tatsache ist das Verlangen nach Gefahr und Nervenkitzel, das sich in den letzten Jahren bei uns ausbreitet – und ebenfalls sofort befriedigt wird. Filmproduzenten und Veranstalter von Bungee-Jumping oder Extremurlaub haben sich längst auf die wachsende Nachfrage eingestellt.

Hinter dem Verlangen, seine Grenzen auszutesten, steht oft die Unfähigkeit, Freude an den üblichen Lebensinhalten zu empfinden und die kleinen Dinge des Alltags, die uns mühelos in den Schoß fallen, zu genießen. Jedes Weihnachten grübeln wir erneut, womit wir unseren Nächsten noch eine Freude bereiten können; alle Dinge, die Kaufhäuser und Supermärkte so farbenfreudig anpreisen, könnten sie sich bequem selbst kaufen.

Unsere Vorfahren mussten sich die Befriedigung einfachster Lebensbedürfnisse mühsam erkämpfen. Auf ein Dasein, wo uns diese Dinge ohne Anstrengung zufallen, sind wir von der Natur gar nicht vorbereitet. Der tägliche Kampf vieler Menschen um Gewichtsreduktion mit Nahrungsverzicht und Diäten gegen den natürlichen Appetit liefert dafür das beste Beispiel.

Wohlfühlintelligente Menschen sind einerseits dankbar für ihren Wohlstand und halten sich immer vor Augen, dass ihr Glück nicht selbstverständlich ist. Andererseits verwandeln sie sich nicht in passive Konsumenten, sondern wählen aus dem riesigen Angebot weniges aus, so dass ihre Genussfähigkeit lebendig bleibt. Sie entziehen sich einer Dauerberieselung und Überfütterung. Das spart nicht nur Geld. Freiwilliger Verzicht auf Masse und Beschränkung auf weniges, Wesentliches sorgen dafür, dass Sie sich persönlich weiterentwickeln und nicht in Trägheit verfallen. Die lebenslange Vervollkommnung des eigenen Selbst hängt weder vom Geldbeutel noch vom sozialen Status, vom Karriereverlauf, von äußerer Anerkennung oder von Schönheit oder Klugheit ab. All diese Faktoren können helfen, sind aber nicht entscheidend. Ob die Selbst-Entwicklung stagniert oder andauert, darüber entscheiden vornehmlich folgende Eigenschaften:

Lernen ein Leben lang

Die Fähigkeit und Lust zum selbständigen und effektiven Lernen. Nur was wir trainieren, entwickelt sich weiter. Das gilt auf körperlichem und geistigem Gebiet gleichermaßen. Die moderne Arbeitswelt zwingt ohnehin dazu, sich ständig weiterzubilden. Aber auch im privaten Bereich verliert sehr schnell den Anschluss, wer auf Neuerungen nichts anderes erwidert als: »Dafür bin ich zu alt.« Wer im höheren Alter noch eine Fremdsprache erlernt, eine neue Sportart ausprobiert

Die beste Verjüngungskur für die grauen Zellen

oder sich das Internet erschließt und lernt, eine eigene Homepage zu gestalten, bleibt auch innerlich jung.

Kreativität. Noch immer können die Psychologen nicht ausreichend erklären, wie schöpferische Leistungen zustande kommen. Es kommt nicht darauf an, dass Sie Neues erfinden oder unvergleichliche Kunstwerke schaffen. Widmen Sie möglichst viel Freizeit kreativen Hobbys. Ein Musikinstrument spielen, zeichnen, Geschichten erfinden, basteln – jede aktive Beschäftigung, die unseren Geist und unsere Finger veranlasst, selbst etwas zu gestalten, hält unsere Persönlichkeit flexibel und in Bewegung.

Intuitive Selbst-Wahrnehmung. Stagnation beginnt, sobald wir anfangen, uns als vollendet zu betrachten. Kindheit und Jugend sind vorbei, wir haben ausgelernt, der Charakter ist fertig, jetzt werden nur noch die Früchte früherer Bildung und Erziehung geerntet. Ausgesprochen oder unausgesprochen – viele Erwachsene denken so. Diese Haltung wirkt wie eine selbsterfüllende Prophezeiung. Wer glaubt, dass er nicht mehr dazulernen muss, wird in der Tat alles von sich fern halten, was ihn zwingen könnte, sich zu verändern. Oft muss erst eine Krise von außen kommen – eine plötzlich zerbrochene Ehe, eine jäh beendete Karriere, ein straffällig gewordener Sohn –, bevor der innere Status quo erschüttert wird und die Entwicklung wieder in Gang kommt. Klüger ist es, ständig auf Änderungen in seinen Gefühlen, Motivationen, inneren Konflikten und den Grad der Zufriedenheit zu achten. Leider fällt es leicht, im Alltagstrubel die leisen Warnsignale aus dem Innern zu überhören. Deswegen ist eine wache Intuition vonnöten, um zu erkennen, wie das eigene Ich sich mitteilt. Bei dem einen sind es Unlustgefühle, bei dem anderen merkwürdige Träume, beim Dritten Selbstgespräche, also innere Monologe, die in Momenten des Nichtabgelenktseins das Denken beherrschen.

Auf die Warnsignale achten

Gesundheit und optimistische Lebenseinstellung. Wer krank ist, muss viel Kraft in die Wiederherstellung seiner Gesundheit investieren. Viel

Raum für Weiterentwicklung bleibt da nicht. Man wäre schon froh, wenn das frühere Befinden wiedererlangt werden könnte. Ohne einen Lebensstil, der Gesundheitsrisiken auf ein Minimum reduziert, wird das Wohlbefinden nicht lange erhalten bleiben.

Optimismus hat nichts mit einem positiven Denken zu tun, das die Welt durch eine rosarote Brille betrachtet und alles Negative einfach ignoriert. Zufriedene Menschen sind Realisten. Sie sehen durchaus die Schattenseiten, finden aber immer einen Anlass zur Hoffnung. Der Grund: Sie konzentrieren sich auf realistische Ziele. Wenn Sie ein schwieriges, aussichtslos erscheinendes Vorhaben angehen, versuchen Sie zunächst ein kleines Teilziel zu erreichen. Erst wenn das geschafft ist, nehmen Sie sich die nächste Etappe vor.

Testen Sie Ihren Wellness-Quotienten

Erkennen Sie sich selbst!

Beim Lesen, was Wohlfühl-Intelligenz ausmacht, werden Sie sich bei den einzelnen Passagen sicherlich immer wieder gefragt haben, wie weit Sie das beschriebene Ideal für sich verwirklicht haben. Einige Male werden Sie vielleicht festgestellt haben: »Genauso bin ich!« An anderen Stellen fanden Sie dagegen größere Unterschiede zwischen meiner Darstellung und Ihrer Selbst-Wahrnehmung.

Das ist normal. Vollkommene Wohlfühl-Intelligenz ist genauso selten wie ein »klassischer« Intelligenzquotient über 150. Jetzt soll es um Ihr tatsächliches, individuelles Wohlbefinden gehen. So wie die klassische Intelligenz mit einem Intelligenzquotienten gemessen werden kann, lässt sich auch die Wohlfühl-Intelligenz mit einem Test bestimmen. Das Ergebnis dieses Tests ist der Wellness-Quotient:

• »Wellness«, weil der Test einzelne Aspekte aktiver Lebensführung ermittelt, die in ihrer Summe das körperliche und seelische Wohlbefinden und damit die Höhe Ihrer Wohlfühl-Intelligenz bestimmen;

• »Quotient« wegen der Art und Weise, wie das Testergebnis ermittelt wird.

Die ersten klassischen Intelligenztests wurden für Kinder entwickelt. Dabei wurde die Begabung des einzelnen Kindes durch die durch-

Wohlfühl-Intelligenz lässt sich messen

schnittliche Begabung aller Kinder seiner Altersstufe geteilt und das Resultat mit 100 multipliziert. Hatte das Kind die gleiche Intelligenz wie der Durchschnitt, lag das Ergebnis folglich bei 100, war es seinen Alterskameraden voraus, war der Wert höher, lag es in der Entwicklung zurück, lag der Wert unter 100.

Wie der Test funktioniert

Bei Erwachsenen ließ sich der Altersvergleich nicht mehr anwenden. Hier vergleicht man die Einzelintelligenz mit der allgemeinen Durchschnittsintelligenz der erwachsenen Bevölkerung. Der folgende Test geht so ähnlich vor. Der Unterschied zum klassischen Intelligenztest besteht darin, dass Wohlbefinden stark vom persönlichen Empfinden abhängt. Er erfragt außer einigen gesundheitlichen Daten vor allem persönliche Ansichten und Verhaltensweisen, die das Wohlbefinden beeinflussen. Diese können nicht wie die Denkbegabung durch einen Leistungstest unter Zeitdruck ermittelt werden. Trotzdem ist nicht alles »Ansichtssache«: Vom Blutdruck bis zum subjektiven Glücksempfinden liegen wissenschaftliche Erkenntnisse darüber vor, was dem Wohlbefinden eher zuträglich bzw. eher abträglich ist.

Mein Tipp

Ich werde Ihnen eine Reihe von Fragen stellen, die ich Sie bitte, so ehrlich wie möglich zu beantworten. Entscheiden Sie sich für die Antwort, die Ihrem wirklichen Leben, Ihrem Alltag, entspricht – nicht für Ihr Wunschdenken. Wie Sie von der Realität, die der Test erfasst, zu Ihrem Ideal fortschreiten, damit beschäftigen wir uns später.

Im Test biete ich Ihnen mehrere Antwortmöglichkeiten an, die mit einer Punktzahl (+ oder –) bewertet werden. Sie finden Sie in der Tabelle im Anschluss an die Fragen. Bei einigen Fragen (5, 6, 12 und 27) können Sie sich für bis zu drei der vorgegebenen Antworten entscheiden. Darauf verweist die Klammer »Mehrfachnennungen möglich«. Wer sich besser oder schlechter macht, als er ist, täuscht nur sich selbst.

Falls Sie dieses Buch nach der Lektüre Freunden ausleihen möchten, die Ihre Antworten nicht kennen sollen, notieren Sie Ihre Entscheidungen auf einen Extrazettel, statt direkt die Fragen anzukreuzen. Und nun wünsche ich Ihnen viel Spaß beim Wellness-Test!

Teil A: Seelisches Wohlbefinden

1. Wenn Sie sich Ihr Leben anschauen – was ist für Sie Glück?

Hier geht es um Ihre Lebenseinstellung

a) Die Aufeinanderfolge vieler kleiner schöner Momente.

b) Kein Zufall, sondern das Ergebnis harter Arbeit.

c) Ein Geschenk der Natur: Gesundheit, ein sonniges Gemüt und ein langes Leben.

d) Unerwartete Erfolge: der großen Liebe begegnen, ein Karrieresprung, ein Sechser im Lotto ...

e) Eine Illusion, ohne die das Leben wahrscheinlich unerträglich wäre.

2. Glauben Sie, dass es früher im Großen und Ganzen besser war als heute?

a) Zumindest hatten frühere Generationen es einfacher.

b) Unsere Eltern hatten es besser. Sie konnten noch optimistisch in die Zukunft schauen.

c) Allen geht es ungefähr gleich gut oder schlecht.

d) Sicher: Weniger Gewalt, weniger Umweltverschmutzung, weniger Verkehrstote ...

e) Ich möchte nicht tauschen. Keine Generation vor uns hatte so viele Chancen wie wir.

3. Ein(e) Kollege/Kollegin oder Freund(in) hat sich Ihnen gegenüber eine Gemeinheit geleistet. Wie reagieren Sie?

a) Ich schlage bei erster Gelegenheit zurück.

b) Ich koche innerlich, aber bleibe äußerlich cool.

c) Ich lege einen Wutanfall hin, den der Verursacher nicht so schnell vergessen wird.

d) Ich erkläre, dass ich verletzt bin und eine Entschuldigung bzw. Wiedergutmachung erwarte.

e) Ich breche sofort jeden Kontakt ab (oder – falls das nicht möglich ist – reduziere ihn auf das unumgängliche Minimum).

Wie reagieren Sie, wenn Unvorhergesehenes eintritt?

4. Ein(e) Freund(in) hat Ihnen Hilfe (beim Umzug, Malern, als Babysitter oder Ähnliches) zugesagt und lässt Sie zum vereinbarten Zeitpunkt einfach sitzen, ohne vorher Bescheid zu sagen.

a) Ich bin stinksauer, rege mich eine Zeitlang auf und ergebe mich schließlich notgedrungen in mein Geschick.

b) Ich telefoniere besorgt herum. Hoffentlich ist ihm (ihr) nichts zugestoßen!

c) Ich überlege: Kann ich die Sache allein schaffen oder noch kurzfristig jemanden finden, der einspringt?

d) Ich bin erleichtert: Eigentlich bewältige ich meine Probleme sowieso lieber allein und zweitens brauche ich mich nicht mit einer Gegenleistung zu revanchieren.

e) Ich habe insgeheim damit gerechnet und eine Alternative vorbereitet.

5. Lassen Sie Ihr Leben vor Ihrem inneren Auge Revue passieren. Welche Aussage trifft für Sie zu? (Mehrfachnennungen möglich)

a) (Mindestens) Ein geheimer Kummer – schwere Enttäuschungen oder Misserfolge, unerfüllte Träume, betrogene Hoffnungen – nagt von Zeit zu Zeit an meiner Seele.

b) Ich wünschte, manches in meinem Leben wäre anders gelaufen.

c) Ich habe einige Fehler in meinem Leben gemacht, aber aus ihnen gelernt und sie nicht wiederholt.

d) Es haben sich zwar nicht alle meine Träume erfüllt, aber es geht immer noch aufwärts.

e) Ich arbeite entschlossen auf eine entschieden bessere Zukunft hin.

Teil B: Genussfähigkeit

6. Welche der folgenden Aussagen trifft auf Sie zu?
(Mehrfachnennungen möglich).

a) Bei meiner Lieblingsbeschäftigung vergesse ich oft die Zeit.

b) Zuerst die Arbeit, dann das Vergnügen. Sonst hätte ich kein ruhiges
   Gewissen.

c) Das Wochenende und der Urlaub können noch so schön sein – der
   Gedanke an meine nächsten Arbeitsaufgaben lässt mich nie völlig los.

d) Wenn ich im Radio einen Ohrwurm höre, summe oder singe ich
   häufig spontan mit.

e) Wenn mir eine schwierige Sache gelingt, freue ich mich so sehr,
   dass andere mich auf meine strahlende Laune hin ansprechen.

Hier geht es um Ihre Lebensfreude

7. Sie besuchen ein exotisches Restaurant. Was bestellen Sie?

a) Eines der wenigen Gerichte, die Sie genau kennen?

b) Etwas Unbekanntes, nachdem Sie sich vom Kellner die Zubereitung
   haben erläutern lassen?

c) Etwas Preiswertes? (Dann war der Verlust nicht so groß, falls es
   Ihnen nicht schmeckt.)

d) Ein fremdartiges Gericht, weil es einen interessanten Namen hat?

e) Das Exotischste, was sie auf der Karte haben? (Um etwas Alltägliches
   zu essen, hätten Sie nicht ausgehen müssen.)

8. Welche der folgenden Aussagen beschreibt am ehesten den Sinn
Ihres Lebens?

a) Gutes tun als Vorbereitung auf ein Leben im Jenseits.

b) Für andere da sein.

c) Spaß haben, gesund bleiben, das Leben genießen.

d) Meine Pflicht in Beruf und Familie erfüllen.

e) Erfolg haben und öffentliche Anerkennung erringen.

9. Wie pünktlich sind Sie?

a) Mal mehr, mal weniger. Es kommt darauf an, wie wichtig der Termin ist.

b) Ich komme lieber zehnmal zu früh als einmal zu spät.

Wie kommen Sie mit Ihrer Umwelt klar?

c) Im Allgemeinen bin ich pünktlich, dennoch verspäte ich mich manchmal.

d) Unpünktlichkeit ist meine große Schwäche.

e) Ich nehme es locker und erwarte auch von andern keine perfekte Zeitdisziplin.

10. Welche der folgenden Aussagen beschreibt Ihre finanzielle Situation am besten?

a) Es reicht gerade so für das Notwendigste.

b) Ich habe größere Schulden und mache mir Sorgen, wie ich Sie je zurückzahlen soll.

c) Ich verdiene gut und kann noch für später sparen.

d) Momentan komme ich gut zurecht, muss aber fürchten, dass es nicht so bleibt.

e) Meine finanzielle Lage verbessert sich von Jahr zu Jahr.

11. Wie fahren Sie Auto?

a) Bis zu 10 Prozent über der erlaubten Höchstgeschwindigkeit.

b) Bis zu 25 Prozent über der erlaubten Höchstgeschwindigkeit.

c) Mehr als 25 Prozent über der erlaubten Höchstgeschwindigkeit.

d) Eher langsamer als erlaubt.

e) Ich fahre äußerst selten oder nie Auto.

Teil C: Soziale Beziehungen

12. Wovon hängt es ab, ob Sie mit Fremden in Kontakt treten oder nicht? (Mehrfachnennungen möglich)

a) Ich spreche nur in Ausnahmefällen Fremde an. Am liebsten lasse ich mich durch gemeinsame Bekannte vorstellen.

b) Zu Leuten, die nicht auf meiner Wellenlänge liegen, halte ich lieber Abstand. Ich habe nur wenige, aber gute Freunde.

c) Ich habe keine Probleme, Fremde anzusprechen, wenn ich ein ernsthaftes Anliegen habe. Ohne Grund, nur um der bloßen Bekanntschaft willen, spreche ich kaum jemanden an.

d) Ich grüße auch Leute, die ich nur flüchtig kenne (Briefträgerin, Reinigungspersonal, Kollegen anderer Abteilungen), und wechsle mit ihnen öfter zwei, drei Sätze über das Wetter oder Ähnliches.

e) Ich interessiere mich generell für Menschen meiner Umgebung. Wenn mir jemand interessant erscheint, spreche ich ihn unter einem Vorwand an und verwickle ihn in ein Gespräch.

Hier geht es um Ihr Verhältnis zu Ihren Mitmenschen

13. Sie sind mit einer nahe stehenden Person, an deren Wertschätzung Ihnen liegt, in einen ernsthaften Streit über eine Sache geraten, die Ihnen wichtig ist. Ihr Gegenüber gibt nicht nach. Wie reagieren Sie?

a) Sie werden auf keinen Fall aufgeben, bevor Sie nicht alles versucht haben, um sich doch noch durchzusetzen.

b) Die Beziehung ist Ihnen in jedem Fall wichtiger. Deshalb geben Sie nach.

c) Sie brechen das Gespräch ab und versuchen, Ihr Anliegen auf andere Weise durchzusetzen.

d) Sie erfragen die Gründe für die gegenteilige Meinung Ihres Gegenübers und schlagen dann vor, einen Kompromiss zu suchen.

e) Sie bieten eine Gegenleistung an, wenn Ihr Gegenüber Ihnen in dieser Sache nachgibt.

14. Leben Sie in einer Beziehung?

a) Glückliche Ehe oder Dauerbeziehung.

b) Routine-Ehe oder -Beziehung.

c) Problem-Ehe oder -Beziehung.

d) Lieber Single als Beziehungsstress.

e) Auf Partnersuche, bisher ohne Erfolg.

15. Welches ist für Sie die wichtigste Eigenschaft bei der Suche nach dem Partner fürs Leben?

Wie steht es mit Liebe und Enttäuschung?

a) Attraktivität, Intelligenz und Ausstrahlung.

b) Reichtum, eine hohe soziale Position oder ein toller Job.

c) Auf seine/ihre Eigenschaften kommt es erst in zweiter Linie an. Hauptsache, er/sie ist verrückt nach mir und hat viel Verständnis für mich.

d) Er/sie sollte meine perfekte Ergänzung sein.

e) Ich suche in erster Linie eine(n) tolle(n) Liebhaber/Geliebte. Für mich sorgen kann ich selbst.

16. Sind Sie schon einmal von einer großen Liebe verlassen worden? (Wenn nicht, lassen Sie die Frage aus oder versuchen Sie, sich in die Situation hineinzuversetzen.) Wie haben Sie reagiert?

a) Sie verwandelten sich demonstrativ in einen fröhlichen Single, flirteten und gingen Abend für Abend unter Leute: Hey, it's Party-time!

b) Sie schlossen sich enger an Schicksalsgefährt(inn)en an und tauschten mit ihnen Erfahrungen über die Schlechtigkeit des andern Geschlechtes aus.

c) Sie versuchten, Ihre verflossene Liebe zurückzugewinnen, und versprachen – sollte sie/er es noch einmal mit Ihnen versuchen –, sich zu bessern.

d) Sie verzogen sich einige Wochen in Ihr Schneckenhaus und kehrten dann unter die Leute zurück mit dem Vorsatz, sich ohne Zeitdruck eine neue Liebe zu suchen.

e) Sie schworen für längere Zeit der Liebe ab und konzentrierten sich ganz auf Ihren Job oder Ihr Hobby.

17. Haben Sie schon einmal ein Bewerbungsgespräch mitgemacht, bei dem Sie der Personalchef auf Herz und Nieren prüfte? (Wenn nicht, lassen Sie die Frage aus, beantworten Sie sie für eine vergleichbar heikle Begebenheit oder versuchen Sie, sich gedanklich in die Situation hineinzuversetzen.) Wie verhielten Sie sich?

Hier ist Ihre Gesprächsfähigkeit gefragt

a) Sie umgingen alle Aspekte, die Ihrer Meinung nach gegen Sie sprachen.

b) Sie hatten die Situation vorher anhand von Bewerbungstrainingsbüchern geübt und wandten alle Tricks an.

c) Sie legten eine dicke Mappe mit Referenzen und eigenen Projektentwürfen vor.

d) Sie ließen die Dinge einfach auf sich zukommen.

e) Sie prüften Ihrerseits den Personalchef auf Herz und Nieren.

18. Wie schätzen Sie Ihren Freundeskreis ein?

a) Ich habe einen großen Bekanntenkreis, aber kaum wirklich nahe Freunde.

b) Ich habe einige gute Freunde und eine Reihe lockerer Bekanntschaften.

c) Ich habe nur wenige, aber dafür wirklich gute Freunde.

d) Ich habe einige Freunde, bin mir aber nicht sicher, ob sie mir im Notfall wirklich zu Hilfe eilen würden.

e) Außerhalb meiner Arbeit und meiner Familie habe ich zu kaum jemandem Kontakt.

19. Warum üben Sie Ihre gegenwärtige Berufstätigkeit aus?

a) Sie hatten Glück, diesen Job zu bekommen.

b) Sie haben bisher leider nichts Besseres gefunden.

c) Ihr Job bringt eine Reihe von Annehmlichkeiten mit sich (gute Bezahlung, hohe soziale Position, Anerkennung, nette Kollegen oder Ähnliches).

d) Ihr Beruf ist Ihnen ein inneres Bedürfnis.

e) Sie sind nicht berufstätig.

Alle Augen auf Sie gerichtet – Schreck oder Chance?

20. Wenn Sie unerwartet den Auftrag erhielten, vor einer größeren Zuhörerschaft eine wichtige Rede zu halten – wie würden Sie reagieren?

a) Sie lassen sich krank schreiben.

b) Sie ergeben sich in Ihr Schicksal: Typisch, wieder hat mein Chef das Unangenehme auf mich abgeschoben.

c) Sie werden die Gelegenheit nutzen, den Leuten da unten im Saal mal gründlich Ihre Meinung zu sagen.

d) Sie trösten sich: Ich habe schon ganz andere Katastrophen gemeistert.

e) Sie nehmen es als Herausforderung: In solchen Situationen lernt man was fürs Leben.

Teil D: Körperliches Wohlbefinden

21. Schlafen Sie ausreichend (7 bis 8 ½ Stunden pro Nacht) und etwa zu den gleichen Zeiten?

a) Ja.

b) Weniger als 7 Stunden, aber regelmäßig und fest.

c) Zu wenig oder sehr unregelmäßig.

d) Ich arbeite im Schichtdienst.

e) Ich schlafe länger als 9 Stunden.

22. Wie viele Zigaretten rauchen Sie am Tag (im Durchschnitt)?

a) Eine bis 8.

b) 9 bis 20.

c) Mehr als 20.

d) Ich bin Nichtraucher.

e) Ich rauche Zigarre oder Pfeife, ohne zu inhalieren.

23. Wieviel und was für Alkohol trinken Sie?

a) Gelegentlich größere Mengen, dann wieder Abstinenz.

b) Kein Alkohol.

c) Als Mann bis 3 Gläser Wein oder 2 Bier am Tag, als Frau ein Glas weniger.

d) 3 bis 4 Gläser Wein oder Bier am Tag.

e) 5 Gläser oder mehr am Tag und/oder regelmäßig Spirituosen.

Hier geht es um Ihre (gesunde) Lebensweise

24. Wieviel Obst und Gemüse essen Sie am Tag?

a) 5 oder mehr faustgroße Portionen, davon mehr als die Hälfte Gemüse und roh.

b) 5 oder mehr faustgroße Portionen, aber in der Mehrzahl Obst bzw. gegart.

c) 2 bis 4 Portionen, davon mehr als die Hälfte Gemüse und roh.

d) 2 bis 4 Portionen, aber in der Mehrzahl Obst bzw. gegart.

e) Höchstens eine Portion.

25. Wieviel Sport treiben Sie pro Woche seit mindestens zwei Jahren?

a) 5-mal oder mehr eine ½ bis 2 Stunden.

b) 2- bis 4-mal mindestens 20 Minuten.

c) Einmal pro Woche.

d) Seltener.

e) Täglich mehr als 2 Stunden (Hochleistungssport).

26. Fördern Sie Ihr Wohlbefinden durch Maßnahmen der sanften Fitness (Sauna, wechselwarmes Duschen, Yoga, Meditation, autogenes Training, Stretching, Tai Chi oder ähnliches?

a) Einmal pro Woche.
b) 2- bis 3-mal pro Woche.
c) Beinahe täglich.
d) Mehrmals am Tag.
e) So gut wie nie.

Wie vielseitig sind Ihre Interessen?

27. Welche anderen Hobbys (außer Fitness) haben Sie, denen Sie pro Tag (im Schnitt) 20 Minuten und mehr widmen? (Mehrfachnennungen möglich)

a) Eher passive Hobbys (fernsehen, Musik hören, vor mich hin dösen, Illustrierte lesen usw.).
b) Halb aktive Hobbys (Bücher lesen, Computerspiele, Hobbykoch, Gartenarbeit usw.).
c) Aktive, kreative Hobbys (musizieren, malen, basteln, Geschichten schreiben, neue Rezepte erfinden und ausprobieren, am Computer programmieren).
d) Hobby und Beruf sind bei mir eins.
e) Meine ganze Freizeit gehört der Hausarbeit und der Familie.

28. Wie gesund sind Sie?

a) Kerngesund, keine Beschwerden, werde seltener als einmal im Jahr krank.
b) Kleinere Beschwerden, etwa einmal im Jahr krank.
c) 2- bis 4-mal im Jahr krank, öfter Beschwerden, die meine Leistungsfähigkeit gelegentlich einschränken.
d) Ich werde öfter krank oder habe größere Beschwerden.
e) Ich leide an (mindestens) einer ernsthaften chronischen Krankheit.

Wie fit ist Ihr Körper?

29. Lassen Sie Ihren Blutdruck messen. Um einen zuverlässigen Wert zu erhalten, lassen Sie am besten mehrere Messungen zu unterschiedlichen Tageszeiten durchführen und errechnen Sie den Mittelwert. Achten Sie darauf, dass Sie sich vorher ein paar Minuten ausgeruht haben, um Ihren Ruhepuls zu erreichen.

a) Unter 90/65, keine Herz- oder Kreislaufkrankheit.
b) Zwischen 90/65 und 120/80.
c) Über 120/80 bis 135/85.
d) Über 135/85 bis 150/95.
e) Mehr als 150/95.

30. Haben Sie Über- oder Untergewicht? Berechnen Sie dazu Ihren Body-Maß-Index (BMI). Multiplizieren Sie dazu zuerst Ihre Körpergröße (in Metern) mit sich selbst. (Wenn Sie zum Beispiel 1,72 Meter groß sind, rechnen Sie: 1,72 mal 1,72 ergibt 2,9584.) Nehmen Sie dann Ihr Körpergewicht (in Kilogramm) und teilen Sie es durch den zuvor erhaltenen Wert. (In unserem Beispiel wären das bei einem Gewicht von 68 Kilogramm: 68 geteilt durch 2,9584 ergibt rund 22,985.) Wie hoch ist Ihr BMI?

a) Zwischen 20 und 25.
b) Zwischen 25 und 30.
c) Größer als 30.
d) Zwischen 17 und 20.
e) Kleiner als 17.

Auswertung

Jede Antwortmöglichkeit auf die 30 Fragen unseres Testes ist mit einer Punktzahl bewertet. Entnehmen Sie bitte die Punkte der von Ihnen gewählten Antworten der folgenden Tabelle. Auf die Fragen 5, 6, 12 und 27 waren bis zu drei Antworten möglich. In diesem Fall zählen Sie alle

Frage	a)	b)	c)	d)	e)
1	+2	−1	0	−2	−3
2	−1	−1	0	−2	+2
3	−2	−1	+2	+1	−1
4	−2	−1	+2	0	+1
5	−1	−2	+1	+2	0
6	+2	−1	−2	+1	+2
7	−2	+2	−1	0	+1
8	+2	0	+1	−2	−1
9	0	−1	+2	−2	+1
10	−1	−3	+2	−1	+2
11	0	−2	−3	+1	+2
12	−2	−1	0	+1	+2
13	−2	−2	0	+2	+1
14	+4	+2	−2	−1	−3
15	−1	−2	+2	+2	0
16	+1	−2	−1	+2	0
17	−1	+2	0	−2	+2
18	0	+2	+1	−1	−2
19	+1	−1	+2	+3	0
20	−2	−1	0	+1	+2
21	+2	+1	−2	−3	−1
22	−1	−2	−4	+2	−1
23	−2	0	+2	−1	−3
24	+3	+2	+1	0	−2
25	+3	+2	0	−2	0
26	0	+1	+2	+3	−1
27	0	+1	+2	−1	−2
28	+2	+1	0	−1	−2
29	+1	+2	0	−1	−2
30	+2	−1	−3	0	−2

Punkte Ihrer Antworten zusammen und teilen Sie anschließend durch die Zahl der Antworten, die Sie gewählt haben.

Beispiel: Nehmen wir an, Sie kreuzten bei Frage 6 die Antworten c), d) und e) an. Dann geben Sie sich –2+1+2 = 5, geteilt durch 3 – gerundet 1,66 Punkte.

Am Ende zählen Sie Ihre Punkte aus allen 30 Antworten zusammen.

Sie müssten als Summe eine Zahl zwischen –66 und +66 erhalten. Ein solcher Test muss notwendigerweise allgemein bleiben und wird einige Besonderheiten Ihrer Entwicklung und gegenwärtigen Lebenssituation nicht erfassen. Deswegen bitte ich Sie, die berechnete Punktzahl unter folgenden Gesichtspunkten zu korrigieren:

1. Für jedes Lebensjahr über 35 rechnen Sie einen halben Punkt dazu. Das heißt, falls Sie 36 sind +0,5 Punkte, mit 37 +1 Punkt, mit 38 +1,5 Punkte und so weiter. Der Grund: Je älter Sie sind, desto stärker ist Ihr Wohlbefinden Ergebnis eines wohlfühlintelligenten Lebensstils und nicht mehr ererbter Leistungsreserven.

2. Gibt es Dinge in Ihrem Leben, die Ihr Wohlbefinden stark in positiver oder negativer Richtung beeinflussen, die aber in unserem Test nicht vorkommen? Schreiben Sie sie auf und vergeben Sie sich selbst eine entsprechende Punktzahl, indem Sie Ihren besonderen Fall mit einer ähnlichen Frage des Tests vergleichen. Wer zum Beispiel medikamen- ten- oder drogenabhängig ist, schaut bei der Frage nach dem Alkohol- konsum oder dem Rauchen nach und gibt sich –1 bis –3 Punkte (je nach Stärke der Abhängigkeit). Macht Ihnen ein Problemkind das Leben zusätzlich schwer, geben Sie sich -2 Punkte wie beim Punkt Problem-Ehe aus Frage 14. Stimmen Sie dagegen außergewöhnliche Erfolge glücklich, geben Sie sich +2 bis +3 Punkte (wie in Frage 10 e oder 19 d). Insgesamt sollten Sie für Ihre persönlichen Zusatzfragen aber nicht mehr als maximal +/–6 Punkte vergeben, um die Ausge- wogenheit des Tests nicht zu gefährden.

Berücksichtigen Sie Ihre individuelle Situation

Die nun erhaltene endgültige Punktzahl addieren Sie zu der Zahl 100 hinzu, die für den durchschnittlichen Wellness-Quotienten der Bevölkerung steht. Oder Sie ziehen sie von 100 ab, falls Sie eine Punktzahl mit einem Minusvorzeichen errechnet haben. Das Ergebnis ist Ihr persönlicher Wellness-Quotient.

Aus +34 Punkte ergäbe sich also ein Wellness-Quotient von 134, aus −27,5 Punkten ein Wellness-Quotient von 82,5. Ein Wert über 100 bedeutet eine überdurchschnittliche Wohlfühl-Intelligenz, ein Wert unter 100 ist ein Hinweis, dass sich für das individuelle Wohlbefinden noch eine Menge tun lässt.

Im Einzelnen bedeuten:

Ihr Testergebnis im Einzelnen

Ein Wellness-Quotient über 150: Sie sind in hervorragender körperlicher und seelischer Verfassung und fühlen sich pudelwohl. Ihre gesunde Lebensweise garantiert, dass das auch so bleibt.

Ein Wellness-Quotient von 121 bis 150: Sie fühlen sich wohl und sind mit dem Leben zufrieden. Dennoch sind einige Verbesserungen möglich. Schauen Sie sich noch einmal die Fragen an, in denen Sie null oder weniger Punkte erzielten.

Ein Wellness-Quotient von 101 bis 120: Sie liegen leicht über dem Durchschnitt. Das ist erfreulich, aber kein Grund, sich auf den Lorbeeren auszuruhen. Auf einigen Gebieten sind Sie sehr gut drauf, andere haben Sie bisher ziemlich vernachlässigt. Das Zusammenspiel Ihrer verschiedenen Lebensaspekte ist noch nicht sehr ausgewogen. Ihr Wohlbefinden könnte stabiler sein, wenn Sie an einigen Schwächen arbeiten würden. Behalten Sie die gesunden Elemente Ihres Alltags bei und überlegen Sie, wo noch Verbesserungen möglich sind.

Ein Wellness-Quotient von 81 bis 100: Ein Warnsignal, das Sie unbedingt beachten sollten, denn noch ist die Situation nicht dramatisch. Sie liegen leicht unter dem Durchschnitt, das bedeutet, dass Sie wahrscheinlich mit verschiedenen Gesundheitsrisiken zu kämpfen haben, deren Folgen sich erst in den kommenden Jahren zeigen werden.

Noch ist es möglich, ernsthaften chronischen Erkrankungen vorzubeugen. Sie könnten sich öfter wohl und zufrieden fühlen als bisher,
wenn Sie einige zusätzliche positive Veränderungen in Ihrem Leben
vornehmen würden. Dann werden Sie bald einen Wellness-Quotienten von über 100 erreichen.

Ein Wellness-Quotient von 61 bis 80: Ihre Lebensweise ist nicht
gesund und Ihr Wohlbefinden lässt zu wünschen übrig. Welche Sünden Sie sich auch im Einzelnen leisten: Sie müssen damit rechnen,
dass ihr Wohlbefinden weiter nachlässt, wenn Sie nicht bald Ihr Leben
grundlegend ändern.

Ein Wellness-Quotient von 60 und weniger: Wer Ihnen dieses Buch in
die Hand gedrückt hat, meint es gut mit Ihnen und sorgt sich um Sie.
Ich wünsche Ihnen, dass Sie die Kraft finden, Ihren Lebensstil grund-
legend zu ändern. Essen Sie Obst und Gemüse, fangen Sie an, Sport
zu treiben. Was Ihre seelische Unzufriedenheit betrifft: Gehen Sie zu
Ihren besten Freunden und erzählen Sie, was Ihnen auf der Seele liegt.
Wenn Sie keine Freunde haben, suchen Sie Kontakt zu einer Selbst-
hilfegruppe oder prüfen Sie die Möglichkeiten psychologischer
Betreuung. Danach machen Sie einen Plan. Was werden Sie ändern?
Schreiben Sie eine Liste notwendiger Maßnahmen auf und fangen
Sie mit der leichtesten an. Sie gibt Ihnen die Kraft für später, für die
größeren Hürden.

Haben Sie Problem-
felder erkannt?

Schritt 4

Entwickeln Sie Ihre Wohlfühl-Intelligenz

Entdecken Sie Ihre schlummernden Potenzen

Wenn Sie einfach nur mal Ihren Wellness-Quotienten kennen lernen wollten und mit dem Ergebnis zufrieden sind, können Sie an dieser Stelle das Buch zuklappen. Sollten Sie sich aber dafür interessieren, wie Sie Ihre Punktzahl und damit Ihre Wohlfühl-Intelligenz erhöhen können, finden Sie in diesem und dem nächsten Kapitel dafür allerlei nützliches Know-how.

Ganz gleich, welchen Wellness-Quotienten Sie für sich errechneten, Sie werden festgestellt haben, dass Sie bei einem Teil der Fragen mit positiven Punktzahlen gut bis sehr gut abschnitten. Auf diesen Gebieten liegen Ihre Stärken, jene Faktoren, die Ihr Wohlbefinden nach oben treiben. An ihnen brauchen Sie wenig oder gar nichts mehr zu verändern. Dem stehen einige Schwächen gegenüber – Testfragen, bei denen Sie null oder Minuspunkte erzielten –, die Ihr Wohlgefühl immer wieder beeinträchtigen. Stunden, in denen wir uns unzufrieden fühlen, sind nicht so sehr eine direkte Folge dieser Schwächen, sondern ein Resultat des inneren Ungleichgewichts. Das heißt, Ihre Stärken fördern erst dann optimal Ihr Wohlbefinden, wenn sie sich mit den übrigen Bereichen Ihrer Persönlichkeitsentwicklung in Harmonie befinden. Ich erlebte diesen Effekt am eigenen Leib, als ich – wie ich in der Ein-

Erkennen Sie Ihre Stärken und Schwächen!

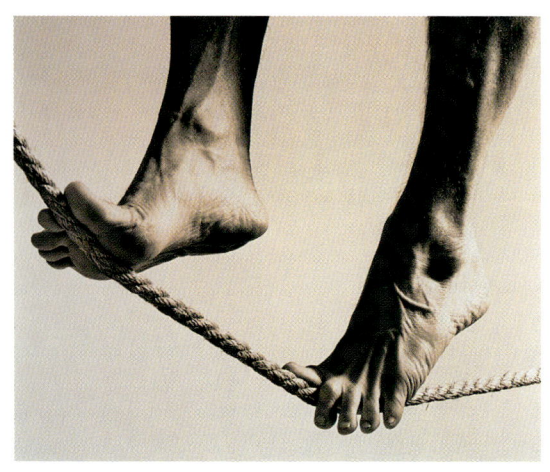

Wie steht es mit Ihrem inneren Gleichgewicht?

leitung berichtet habe – einige Wochen vor Abgabe meiner Diplomarbeit beschloss, erstmals gezielt meine Wohlfühl-Intelligenz zu steigern. Da ich mich in seelischem Dauerstress befand, zog ich Sportschuhe und Trainingsanzug an, um ein paar Minuten um das Wohngebiet zu laufen.

Seit Jahren war ich nicht mehr gelaufen. Obwohl ich nur langsam vor mich hin trabte, fühlte ich mich nach zehn Minuten total erledigt. Meine Kraft reichte nicht einmal mehr für 3000 Meter, den schulüblichen Langstreckenlauf.

Von da an ging ich alle zwei Tage hinaus. Nach zwei Wochen hielt ich bereits zwanzig Minuten durch. Aber das war nicht die einzige Veränderung. Viel auffälliger war, dass sich meine Laune spürbar besserte und ich auf einmal wieder mehrere Stunden hintereinander am Schreibtisch durchhielt. Meine Schreibhemmung verschwand und meine Diplomarbeit nahm so rasch Gestalt an, dass ich doch noch rechtzeitig zum offiziellen Abgabetermin fertig wurde. Erst als ich darauf verzichtete, den ganzen Tag ausschließlich meinen Geist zu betätigen, schenkte er mir bereitwillig seine Leistungsreserven.

Auf diese Weise erfuhr ich, dass es gar nicht so schwer ist, die Wohlfühl-Intelligenz entscheidend zu verbessern.

Mein Tipp

Sie brauchen nur etwas für Ihre bisher vernachlässigten Lebensbereiche zu tun. Ihre Stärken behalten Sie bei. Ein deutlich verbessertes Wohlbefinden stellt sich dann automatisch durch die sich entwickelnde Harmonie zwischen Ihren körperlichen, seelischen und sozialen Lebensbedingungen ein. Erst durch dieses innere Gleichgewicht kommen Ihre Stärken tatsächlich zum Tragen.

Leider kann ich von meinem Schreibtisch aus nicht ahnen, welchen Wellness-Quotienten Sie für sich errechneten. Ich kann Ihnen jedoch einige Tipps geben, wie Sie von Ihrem Testergebnis aus zu einem gesteigerten Wohlbefinden gelangen.

Werten Sie Ihren Test im Detail aus

Vergleichen Sie für jede der dreißig Testfragen Ihr Ergebnis mit der (oder den) punktzahlhöchsten Antwortvariante(n). Bei welchen Fragen würden Sie Ihr Leben gern so verändern, dass Sie bei einer Wiederholung des Test eine höhere Punktzahl erreichten? Schreiben Sie diese Abschnitte des Tests untereinander und notieren Sie rechts daneben, wie Sie die Verbesserung erreichen könnten.

Vergleichen Sie Soll und Ist

Einige Beispiele:

Testfrage 1: Auch wenn ich weiß, dass auch Reiche und Mächtige oft unglücklich sind, denke ich oft, dass ich mit einer unerwarteten Millionenerbschaft oder einem anderen Glücksfall, der mir Wohlstand ohne Arbeit beschert, glücklicher wäre (d).	Ich weiß, dass ich mit dem Warten auf den großen Lottogewinn versäume, die schönen Momente meines jetzigen Lebens zu genießen. Ich nehme mir vor, mir ab morgen täglich wenigstens zwei Verwöhnpausen zu gönnen, in denen ich mich selbst belohne (a).
Testfrage 3: Bisher schwieg ich zu Gemeinheiten und ärgerte mich innerlich (b).	Wenn ich mich in Zukunft ertappe, wie ich mich im Stillen ärgere, werde ich mir in Zukunft ein Herz fassen und laut sagen: »Ich ärgere mich über dein Verhalten« und auch begründen, warum (d).

Testfrage 11: Ich gehe oft zeitlich sehr knapp aus dem Haus und rase dann mit »steifem Bein« über die Stadtautobahn, um noch pünktlich ins Büro zu kommen. Jedes Mal, wenn ein Strafzettel wegen erhöhter Geschwindigkeit ins Haus flattert, reiße ich mich einige Tage zusammen, aber spätestens nach einer Woche ist alles wie vorher (c).

Ich werde morgen ausprobieren, ob beim Fahren »nach Vorschrift« die Fahrt tatsächlich nur minimal länger dauert als bei vollem Tempo. Falls ja: Ich werde in Zukunft so tun, als müsste ich zehn Minuten eher aus dem Haus, um rechtzeitig anzukommen. Von dem Geld, dass ich dann nicht mehr für Strafbescheide zahlen muss, kaufe ich mir etwas Schönes (d, a).

Testfrage 14: Ich bin seit längerem ohne Erfolg auf Partnersuche. Meinen Freunden gegenüber tue ich zwar so, als wäre ich als Single recht zufrieden, aber in Wahrheit wäre ich gern mal wieder richtig verliebt (e).

Ich werde zwei Dinge tun: 1. die Vorzüge des Singlelebens genießen. Häufig ausgehen, spontan etwas unternehmen – statt die Abende allein vor dem Fernseher zu verbringen (d), 2. meinen Freunden verraten, dass ich gern jemanden, der zu mir passt, kennen lernen würde. Sie werden mir bestimmt ein paar Verabredungen verschaffen (a).

*Immer volles Tempo geben –
und das Wohlgefühl bleibt auf
der Strecke*

Testfrage 22: Ich habe schon versucht, mir das Rauchen abzugewöhnen, leider ohne Erfolg (b, manchmal c).

Ich müsste es schaffen, meinen täglichen Zigarettenverbrauch auf unter neun zu drücken. Ich halte es durchaus 2 bis 3 Stunden ohne Zigarette aus, wenn ich weiß, dass ich dann wieder rauchen darf. Ab heute rauche ich jeden Tag eine Zigarette weniger, bis ich bei 8 angekommen bin. Dann lege ich für sechs der Tageszigaretten fest, zu welcher Zeit ich sie rauche. Dann bleiben ein bis 2 übrig für besondere Gelegenheiten (a).

Die Beispiele zeigen, worauf es ankommt:

• Auch bei Dingen, die eher die Einstellung als das reale Verhalten betreffen – etwa der Auffassung, was Glück bedeutet –, versuchen Sie eine Änderung im Verhalten zu formulieren.

• Diese Änderung sollte nicht allgemein (»weniger rauchen«), sondern konkret (»8 Zigaretten pro Tag zu folgenden Zeiten: …«) vorgenommen werden. Dadurch können Sie später genau feststellen, ob Sie Ihre Vorsätze einhalten oder nicht, und Fortschritte genau messen.

Konkrete Ziele setzen

• Legen Sie fest, wie Sie sich belohnen werden, falls Sie Ihre Vorhaben erfolgreich in die Tat umsetzen. Besonders in den ersten Tagen hilft eine solche zusätzliche Motivation.

In einigen Punkten werden Sie nichts ändern wollen, obwohl Sie bei den betreffenden Fragen Minuspunkte erzielten. Entweder weil Ihnen die Änderung zu mühselig erscheint oder weil Sie Ihren bisherigen Lebensstil für richtig halten und nicht glauben, dass sich durch eine Änderung Ihr Wohlbefinden verbessern würde.

Das ist völlig legitim.

Mein Tipp

Japanische Untersuchungen haben beispielsweise gezeigt, dass Übergewichtige, die durch vergebliche Diäten ein häufiges Auf und Ab Ihres Körpergewichts um mehr als fünf Kilogramm erfahren – den berühmten Jo-Jo-Effekt –, am Ende schlechter drauf sind als Leute, die ein konstantes Übergewicht halten. In diesem Fall kann es ein erfolgreicheres Vorhaben sein, nicht weiter zuzunehmen, statt immer wieder beim Abnehmen zu scheitern.

Schreiben Sie auch diese Testfragen untereinander und begründen Sie rechts daneben, warum Sie in diesen Punkten so bleiben wollen, wie Sie sind. Mit einer solchen Bestandsaufnahme definieren Sie diese Bereiche als Teile Ihrer Persönlichkeit, zu denen Sie stehen, so wie Sie sind, und verabschieden sich von dem schlechten Gewissen, das Sie möglicherweise bisher belastete oder das andere Ihnen einreden wollten. Auf zwei Dinge kommt es hierbei an:

Können Sie sich mit Ihrem Übergewicht, Rauchen, fehlendem Freundeskreis, Problem-Ehe oder was sonst Ihr Handicap sein mag so anfreunden, dass Sie aus voller Überzeugung bekennen: »So bin ich, das ist Teil meines Ichs und ich werde alle negativen Konsequenzen akzeptieren, die sich aus meiner Haltung ergeben sollten«?

Nicht alles muss man ändern

In wie vielen Punkten entscheiden Sie sich gegen eine Verbesserung? Ein gutes Richtmaß lautet: Die Summe aller negativen Punktzahlen, die Sie bewusst beibehalten, sollte unter 10 Prozent Ihres Wellness-Quotienten liegen. Damit ist gemeint: Wenn Ihr Wellness-Quotient beispielsweise bei 120 liegt, sind 12 »unnötige« Minuspunkte unbedenklich, werden also Ihr Wohlgefühl nicht wesentlich erschüttern. Bedenken Sie aber, dass diese Punkte schnell erreicht sind, wo mehrere Wohlfühlfaktoren eng zusammenhängen. Übergewicht bedeutet beispielsweise meist auch eine Entscheidung gegen Sport und gesunde Ernährung. Das allein macht zusammen schon –7 Punkte.

Entwerfen Sie einen Plan

Wie viele Veränderungen in Ihrer Lebensführung haben Sie als wünschenswert erkannt? Selbst wenn es nur fünf sind wie in den oben genannten Beispielen, würden Sie scheitern, wenn Sie alle auf einmal in die Tat umsetzen wollten.

Erstellen Sie eine Rangfolge und zwar nach zwei Kriterien:
- Dringlichkeit: Welche Änderung halten Sie für besonders wichtig, um Ihr Wohlbefinden zu steigern?
- Schwierigkeit: Welche Änderung wird Ihnen leicht fallen und welche empfinden Sie als schwer umzusetzen?

Mein Tipp

Unterteilen Sie Ihre geplanten Veränderungen zunächst in leichte, mittelschwere und schwere. Ordnen Sie sie innerhalb dieser drei Gruppen nach Dringlichkeit.

Nehmen Sie sich als erstes die dringlichste der leichten Veränderungen vor. Legen Sie fest:

Veränderungen gezielt in Angriff nehmen

• Wie habe ich mich bisher verhalten und wie werde ich mich verhalten, sobald das Änderungsziel erreicht ist?

• In welchem Zeitraum will ich die Veränderung erreichen?

• Wie groß ist der Aufwand an Zeit, Willenskraft usw.? Mit welchen Komplikationen muss ich rechnen?

• Wie werde ich im Einzelnen vorgehen?

• Wie sichere ich, dass das neue Verhalten zu einer festen Gewohnheit wird, ich also später nicht wieder rückfällig werde?

Stolpersteine Es gibt eine Reihe typischer Fallen, an denen auch die besten Vorsätze scheitern. Um dem vorzubeugen, empfehle ich Ihnen, noch folgende Überlegungen in Ihren Plan einzubeziehen:

Realistische Selbsteinschätzung. Viele Leute unterschätzen die Macht alter Gewohnheiten. Wer glaubt, seinen Lebensstil nebenbei dauerhaft umzustellen, wird mit fast hundertprozentiger Sicherheit scheitern. Sind Sie bereit, eine gewisses Maß an Willenskraft und Selbstdisziplin aufzubringen?

Den richtigen Zeitpunkt wählen. Haben Sie gerade Stress im Job oder mit dem Partner? Dann sind alte Gewohnheiten besonders schwer zu überwinden. Zum einen benötigt der Konflikt, mit dem Sie sich gerade herumschlagen, all Ihre Kraft, zum anderen verleihen Ihnen die gewohnten Rituale Ihres Lebens Halt und Stabilität, während Ihre Umwelt Ihnen Ärger und Verdruss bereitet.

Für Veränderungen Ihrer Persönlichkeit wählen Sie lieber eine Phase, wo äußerlich alles gut läuft.

Sollte ständig etwas dazwischenkommen, sollte Ihr erstes Vorhaben darin bestehen, in Ihren sozialen Beziehungen Ordnung zu schaffen – stressigen Bekannten wenigstens vorübergehend die Freundschaft aufkündigen, im Job ein klärendes Gespräch mit dem Chef führen, den Partner um Unterstützung bitten.

Alte Gewohnheiten durch neue ersetzen. Sich nur etwas abgewöhnen, misslingt in den meisten Fällen.

TIPP

Mehrere Probleme auf einmal zu bewältigen, ist eine Kunst, die nur selten gelingt.

Skaten Sie sich den Frust von der Seele!

Wenn Sie abends beim Fernsehen weniger Süßes knabbern wollen als bisher, was werden Sie in Zukunft vor dem Bildschirm tun? Womit Ihre Hände und den Mund beschäftigen? Wenn Sie sich vorgenommen haben, in Zukunft Ihre Wut nicht mehr unkontrolliert herauszuschreien, was werden Sie stattdessen mit Ihrer aufgestauten Aggression tun? Sie können sich vornehmen, stellvertretend Ihren Badezimmerspiegel anzubrüllen, auf einen Sandsack einzuboxen, den gestiegenen Blutdruck beim Joggen abzureagieren ... Nur eins wird nicht funktionieren: per Willenskraft die Wut einfach verschwinden zu lassen.

> **TIPP**
>
> Überlegen Sie im Voraus, womit Sie die entstehende Leere füllen werden.

Ernsthafter Veränderungswille. Sagen Sie sich auf keinen Fall: »Ich kann es ja mal probieren. Wenn ich es schaffe, prima, wenn nicht, ist es auch nicht schlimm.«

So schaffen es nur maximal acht Prozent der entwöhnungswilligen Raucher kraft Ihres Willens, den Nikotingenuss aufzugeben. Anderer-

TIPP

Wer halbherzig herangeht, kann es auch gleich sein lassen. Die meisten guten Vorsätze scheitern an dieser Hürde.

seits haben mehr als drei Viertel aller ehemaligen Raucher ihr Ziel mit genau dieser Methode erreicht.

Den Spaßfaktor nutzen. Sich verändern, ist eigentlich ein spannendes Abenteuer. Sie brechen aus Ihrer bisherigen Routine aus, probieren neue Seiten an sich aus und schaffen sich – vorausgesetzt, Ihr Vorhaben gelingt – ein Erfolgserlebnis. Dennoch werden Veränderungen des eigenen Ichs meist mit Mühsal, Anstrengung und Verzicht gleichgesetzt.

Erinnern Sie sich: Im Unterschied zur Erfolgsintelligenz ist für das Wohlgefühl der Weg bereits das Ziel. Die Reise zum Ziel soll schon Spaß bereiten, nicht erst das Resultat. Planen Sie, wie Sie die Wochen der Veränderungen zu einem Vergnügen gestalten werden. Zwei Tricks bieten sich an:

• Denken Sie sich eine neue Gewohnheit aus, die mehr Spaß macht als die alte, die Sie sich abgewöhnen wollen.

• Legen Sie fest, welche Belohnung Sie sich für jeden erfolgreich absolvierten Teilschritt gönnen werden.

Niemals aufgeben! **Rückschläge einplanen.** Alte Gewohnheiten sind bekanntlich hartnäckig und Menschen fehlerhaft. Was werden Sie tun, wenn Sie trotz bester Vorsätze wieder in alte Bahnen zurückrutschen sollten? Setzen Sie einen Rückschlag keinesfalls mit einem Scheitern aller Pläne gleich! Sie haben sich vorgenommen, als Chef Ihren Mitarbeitern nur noch mit ausgesuchter Freundlichkeit zu begegnen, und sind nach zwei Wochen angesichts einer Schlamperei doch wieder ausgerastet? Gestehen Sie sich (und dem betroffenen Mitarbeiter) ein, dass Ihr altes Ich nicht kampflos aufgibt, Sie aber das einmal gewonnene Terrain nicht wieder preisgeben werden. Immerhin hatten Sie zwei Wochen durchgehalten, oder? Versuchen Sie Lehren aus dem Rückfall zu ziehen, wenn möglich, und machen Sie einfach weiter wie bisher. Mit der Zeit wird Ihr neues Ich stärker werden und den endgültigen Sieg davontragen.

Schreiten Sie zur Tat

Da Sie mit einer relativ leichten Maßnahme anfangen, werden Sie Schritt für Schritt bald zu einem Anfangserfolg kommen. Das gibt Ihnen Kraft für die schwierigeren Etappen, weil Sie praktisch erfahren, dass Sie Ihre Persönlichkeit beeinflussen können, und alle Empfindungen durchlaufen, die ein Veränderungsprozess mit sich bringt: Vorfreude, Spannung, Unruhe, innere Kämpfe zwischen Altem und Neuem und schließlich erste Erfolgserlebnisse.

Erst wenn Sie die erste Ihrer Veränderungen – die dringlichste der leichten – durchgeführt und über einige Tage hinweg durch Gewohnheit gefestigt haben, nehmen Sie sich die zweite vor, die auf Ihrem Plan steht. Sie sollten sie genauso sorgfältig planen und umsetzen wie die erste.

Ein schneller Anfangserfolg sollte nicht zu Leichtsinn verleiten. Denn wenn das zweite oder dritte Vorhaben scheitert, ist auch das schon Erreichte wieder in Gefahr. Wenn dagegen alle Ihre leichten Veränderungen gelingen, werden Sie für das erste mittelschwere Vorhaben einen neuen Trumpf aus dem Ärmel ziehen können: Ihre gewonnene Routine beim Sichändern.

> **TIPP**
>
> **Sie haben es in der Hand!**
> **Sie können schon beim Trainieren Ihrer Wohlfühl-Intelligenz beginnen, sich wohl zu fühlen.**

Sie haben inzwischen mehrfach erlebt, was in Ihrem Innern abläuft, wenn alte Vorlieben, neue Ziele und Ihr Wille aufeinander stoßen. Sie wurden immer routinierter, wenn es darum ging, hartnäckige Gewohnheiten auszutricksen. Sie erfassen allmählich intuitiv den Zeitpunkt, zu dem das Neue sich durchgesetzt hat, und kennen inzwischen die Situationen, in denen Sie besonders anfällig für einen Rückfall sind. Diese Erfahrungen werden Ihnen helfen, sobald Sie schwierige Ziele anvisieren.

Sollten Sie an irgendeiner Stelle Ihres Planes scheitern, probieren Sie es ein zweites Mal und bereiten Sie sich gründlicher vor. Bringt auch das keinen Erfolg, verfallen Sie nicht in Selbstmitleid! Keine Klagen

Auf ein Neues! Nur wer immer wieder versucht, sich zu verändern, wird auf Dauer erfolgreich sein

wie: »Das schaffe ich nie!« oder »Ich bin eben willensschwach!«.
Der Wille ist keine geheimnisvolle Person in unserem Innern, sondern eine Charaktereigenschaft, die wie jede andere Fähigkeit trainierbar ist.

Mein Tipp

Ein Vorhaben kann scheitern – Sie nicht! Prüfen Sie lieber, wo der Fehler lag. Wahrscheinlich haben Sie mangels Erfahrung die Schwierigkeiten unterschätzt, und die missglückte Veränderung gehörte eigentlich in die Kategorie der schwierigen Vorhaben. Stellen Sie sie vorläufig zurück und nehmen Sie erst einmal einen anderen Punkt Ihrer Liste in Angriff.

Überprüfen Sie von Zeit zu Zeit, welche Auswirkungen die Veränderungen in Ihrem Lebensstil auf Ihr Wohlbefinden haben. Fühlen Sie sich tatsächlich besser? Ist Ihre Wohlfühl-Intelligenz gestiegen? Können Sie besser als früher Dauerstress und Frustrationen abwehren? Sollten sich an der einen oder anderen Stelle Ihre Hoffnungen nicht in der Weise erfüllen, wie Sie dachten – kein Problem! Niemand kann alle denkbaren Komplikationen im Voraus erahnen. Es bleibt Ihnen unbenommen, »unterwegs« Ihre Pläne zu korrigieren, aus Fehleinschätzungen und Irrtümern zu lernen und neue Ziele in Angriff zu nehmen.

chritt 5

50 Tipps für Verwöhn-Pausen

Schon die großen Philosophen der Antike und Lebenskünstler aller Epochen wussten: Glück liegt nicht in vergeblich erhofften, überwältigenden Geschenken des Schicksals, die es uns besser gehen lassen als unseren Mitmenschen, sondern in der jedem zugänglichen Fähigkeit, den Augenblick zu genießen.

Wohlbefinden ist keine geheimnisvolle Begabung, sondern die Summe vieler kleiner Wohlfühl-Momente, die sich jeder in seinem Alltag schaffen kann. Sie brauchen dafür nichts weiter als Aufmerksamkeit für sich selbst, kleine Ruhepunkte in der Hektik, die Sie Ihrer »Selbst-Pflege«, dem Verwöhnen Ihres Selbst widmen.

Die meisten verzichten freilich auf die ihnen zustehenden Wellness-Momente. Sie lassen sich von den Anforderungen des Berufs und Ihrer Familie so vereinnahmen, dass für Innehalten und Besinnung keine Zeit bleibt. So ging es auch mir, nachdem ich Anfang der 80er Jahre dank des neuen Laufhobbys meine Diplomarbeit fristgerecht beendet hatte. Meine Leistungsfähigkeit war zurückgekehrt, doch von einem wirklichen Wohlfühlen war ich noch weit entfernt. Ich gewöhnte mir deshalb

Raum für kleine Wohlfühl-Momente

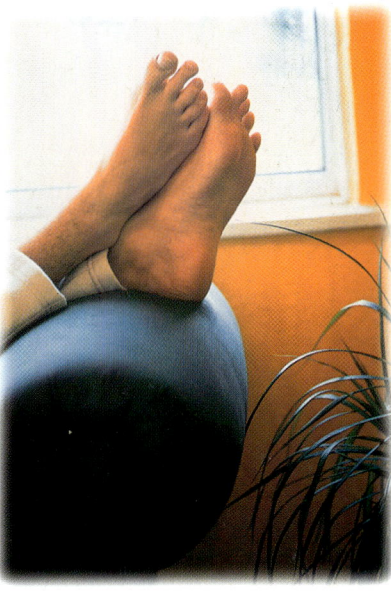

nach und nach an, alle eineinhalb bis zwei Stunden eine Entspannungspause einzulegen. Dass ich das Gleiche oder noch mehr leisten und mich außerdem noch ruhiger und gelassener fühlen würde, wenn ich von meiner begrenzten Zeit eine halbe Stunde über den Tag verteilt für kleine Pausen abzweige – das schien mir anfangs kaum glaubhaft. Erst als ich es ausprobiert hatte, war ich endgültig davon überzeugt. Ich möchte Sie deshalb einladen, sich einmal probeweise eine Wellness-Woche zu gönnen. Wählen Sie dafür sieben Tage von mittlerer Anspannung aus – also weder Ihren Urlaub noch Spitzenzeiten im Job, die keinen Raum für andere Gedanken lassen. Durchsetzen Sie diese Tage etwa alle eineinhalb Stunden mit Mini-Wohlfühl-Pausen von rund fünf Minuten Dauer und beobachten Sie die Auswirkungen auf Ihr Befinden und Ihre Leistungskraft. Konzentrieren Sie während der Übungen Ihre Gedanken und Gefühle ganz auf das, was Sie gerade tun und erleben. Lassen Sie das Grübeln über die vor Ihnen liegenden Sorgen und Pflichten für einige Minuten ruhen. In diesem Kapitel finden Sie eine Reihe von Vorschlägen und Wellness-Tricks für Ihr persönliches Wohlfühlprogramm. Probieren geht über Studieren!

Gönnen Sie sich eine Probezeit!

Lächeln

1 Schlecht gelaunt? Zaubern Sie ein Lächeln auf Ihr Gesicht! Ob es echt aussieht oder nicht, darauf kommt es nicht an. Also Mundwinkel nach oben ziehen und ein kleines Leuchten in die Augen bringen! Halten Sie diesen Ausdruck eine Minute auf Ihrem Antlitz. Verhaltensforscher haben festgestellt, dass nicht nur die Gefühle für unsere Mimik verantwortlich sind, sondern auch umgekehrt die Mimik das zugehörige Gefühl erzeugt. Eine Minute lächeln hebt fühlbar die Stimmung. Probieren Sie es aus!

2 Hektische Arbeitsphase oder Einkaufstrubel? Halten Sie einen Moment inne! Atmen Sie etwa vier Sekunden lang ein, halten Sie acht Sekunden die Luft an und lassen Sie sie dann sechs Sekunden lang allmählich ausströmen. Das senkt Puls, Blutdruck sowie die Ausschüttung des Stresshormons Noradrenalin. Verstärken Sie den Effekt durch ausgiebiges Räkeln und Strecken Ihres Körpers.

3 Wenn Sie während größter Betriebsamkeit um Sie herum die Möglichkeit haben, sich einen Augenblick zurückzuziehen, schaffen Sie sich einen Moment Frieden durch eine Entspannungsreaktion, unentbehrlicher Bestandteil aller Meditationstechniken. Sie umfasst folgende drei Schritte:

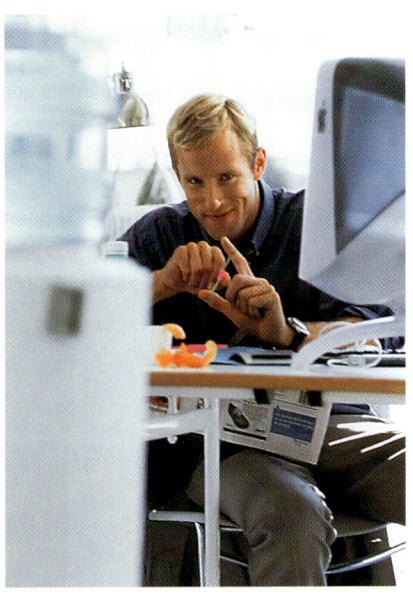

1. Still sitzen in bequemer Haltung mit geschlossenen Augen.
2. Langsam einatmen und die Luft passiv wieder herausströmen lassen.

Mal kurz aus der Rolle zu fallen tut gut

3. Mit dem Atemrhythmus irgendein emotional neutrales oder positiv besetztes Wort immer wieder vor dem inneren Augen vorbeiziehen lassen. In der fernöstlichen Meditation wählt man eine bedeutungsleere Silbe wie das berühmte Mantra »Om«. Der Sinn besteht darin, aus Ihrem Denken vorübergehend alle Spannung erzeugenden Gedanken und Probleme fern zu halten. Drängen sich doch solche Gedanken in den Vordergrund – nicht ärgern, sondern ruhig zu dem gewählten Wort zurückkehren. Nach einigen Minuten werden Sie spürbar ruhiger geworden sein. Um eines Tages bis in einen Zustand der Trance zu gelangen, müssten sie die Übung jeden Tag zwanzig Minuten am Stück durchführen.

4 Regelmäßige Atemübungen von nur wenigen Minuten am Tag erhöhen die Frustrationstoleranz und drängen Hektik und Nervosität zurück. Die folgenden Übungen stammen aus dem Hatha Yoga:

Yoga-Atemtechnik

• Setzen Sie sich mit verschränkten Beinen hin. Ziehen Sie ruckartig den Bauch so weit ein wie möglich und stoßen Sie dabei ebenso ruckartig die Luft aus dem Mund aus. 2 Sekunden halten. Dann lassen Sie langsam wieder Luft durch die Nase in die Lunge fließen und beobachten, wie sich Ihr Bauch allmählich wieder nach vorn wölbt. Sobald die Lungen voll sind, wiederholen.

• Gleiche Sitzhaltung. Halten Sie nach dem Ausatmen mit dem Zeigefinger ein Nasenloch zu. Atmen Sie normal weiter, aber ziehen Sie in zwei bis drei Sekunden die gesamte Luftmenge, die Sie benötigen, durch das eine freie Nasenloch. Halten Sie die Luft drei Sekunden und atmen Sie langsam (4 bis 6 Sekunden) durch den Mund aus. Mit dem anderen Nasenloch wiederholen.

• Machen Sie die Yogaübung »Pflug« (siehe Seite 107): Dabei drücken Sie zusätzlich das Kinn in die Kerbe am unteren Halsansatz oberhalb des Brustkorbes, die so genannte Drosselgrube. Wenn Sie jetzt ruhig ein- und ausatmen, werden Sie ein leises Schnarchgeräusch hören. Der Druck des Kinns öffnet die Stimmritzen des Kehlkopfes. Dadurch entsteht beim Atmen ein hörbarer Ton. Atmen Sie langsam und lassen Sie es »rasseln«. Vor allem für Raucher(innen) eine Wohltat.

Entspannendes Bad **5** Nach der Arbeit nur eine kurze Dusche? Planen Sie an Spitzentagen eine Viertelstunde für ein entspannendes heißes Bad ein. Geben Sie Badekristalle oder Badekugeln mit natürlichen Inhaltsstoffen ins Wasser, damit es so richtig schäumt, blubbert und angenehm auf der Haut kribbelt. Lavendel, Ylang-Ylang (das Blütenöl eines tropischen Baumes) oder Citrusdüfte wie Limone oder Orange stimulieren über die Nase die Stimmungszentren im Gehirn. Eine Prise Urlaubsfeeling bringen ein Algen-Gel und Sprudeltabletten mit Meersalz. Dazu Meeresrauschen von einer CD. Doch selbst wer nur eine Dusche hat, braucht auf zusätzliche Aromen nicht zu verzichten. Ein Spezialduschkopf mit Einlegetabletten macht aus banalem Leitungswasser einen duftig-schäumenden Freizeitspaß.

6 Graue Stimmung in grauen Novembertagen – Ihnen fehlt natür-   Licht
liches Licht! Die Lichtstärke, die von einem trüben Himmel auf unsere
Sinne fällt, übertrifft selbst starke Glühlampen um ein Vielfaches. Deshalb wenigstens eine halbe Stunde am Tag an freier Luft verbringen,
außerhalb von Wohnung und Auto! Das UV-Licht aktiviert über
unsere Netzhaut die Ausschüttung stimmungshebender Hormone
wie Dopamin und Serotonin. Bei einem Mangel an natürlichem Tages-
licht bildet der Körper hingegen das Dunkelhormon Melatonin, das
normalerweise nur während der Nacht entsteht und Müdigkeit auslöst.

7 Dancing The Frust Away heißt das Motto für alle,
die nach einem harten Bürotag keine Lust auf Gymnastik
oder das Fitness-Studio haben. Einfach die Lieblingsmu-
sik auflegen, mitsingen und mittanzen! Zuerst Arme und
Beine im Rhythmus der Schlaginstrumente kräftig
durchschütteln, hüpfen und drehen, dann allmählich in
langsamere, fließende Bewegungen übergehen.

8 Wenn Sie morgens schwer in Gang kommen, hilft
die Dusche. Fangen Sie warm an und schließen Sie einen
»Schocker« mit kühlerem Wasser an. Das muntert nicht
nur auf, sondern strafft auch die Haut. Wählen Sie die
Differenz zwischen warm und kalt so, wie sie Ihnen
gerade noch angenehm ist. Anfangs reicht lauwarm (statt
eiskalt) völlig aus. Nach einigen Wochen werden Sie von
ganz allein das Bedürfnis empfinden, den Temperatur-
unterschied zu erhöhen.

Das hebt die Laune

9 Gehören Sie zu der großen Anzahl von Leuten, die das morgend-   Ausgewogenes
liche Frühstück zugunsten längeren Schlafens einsparen? Ein Fehler,   Frühstück
sagen die Ernährungsforscher. Wer mit einer ausgewogenen Mahlzeit

(Obst und Müsli) den Tag beginnt, sieht mindestens ein Jahr jünger aus. Denn man nascht automatisch weniger und isst fettärmer. Lieber abends eher schlafen gehen. Das körpereigene Regenerations-programm erreicht zwischen 23 und 3 Uhr sein Maximum. Wer sich angewöhnt, regelmäßig früh ins Bett zu gehen, verjüngt sein Aus-sehen innerhalb von sechs Monaten um bis zu zwei Jahre. Interes-sante Sendungen aus dem Spätprogramm im Fernsehen sollten Sie auf Video aufnehmen und am nächsten Abend anschauen. Das spart sogar Zeit, weil Sie die Werbepausen im Schnelldurchlauf über-gehen können.

Dufte Laune durch Düfte

10 Wie sorgen Sie für dufte Laune? Natürlich mit Düften! Egal, ob Raumspray, Duftlampen oder -kerzen: Ein Hauch von Orange oder Zitrone hellt die Stimmung auf. Zypresse, Bergamotte oder Lavendel, andere lieben stärkere, sinnliche Düfte wie Jasmin oder Patschuli. Wissenschaftliche Studien haben für eine Reihe von Düften psychi-sche Wirkungen nachgewiesen. Hier eine kleine Auswahl:

• Jasmin löst Verkrampfungen, hebt die Stimmung, stärkt das Selbstvertrauen.

• Sandelholz stimmt euphorisch und vertreibt Ängste.

• Zimt regt Herz, Kreislauf und Atmung an.

• Das Orangenblütenöl Naroli fördert den Schlaf, dämpft Nervosität, Angst und Depressionen.

• Rosenöl lindert Kopfschmerzen und Kater.

• Melisse und Rosmarin beruhigen.

11 Auch Farben haben Einfluss auf die Stimmung. Orange und Rot aktivieren, Gelb bekämpft Depressionen, Blau belebt und vertreibt kleine Tiefs, Grün beruhigt. Achtung: Wenn Sie Ihre Lieblingsfarbe durch neue Tapeten in Ihrer Wohnung verewigen, geht ihre Wirkung durch Gewöhnung bald verloren. Wählen Sie lieber ein Kleidungsstück oder einen Badeschaum in der passenden Farbe, wenn Sie den entsprechenden Stimmungskick benötigen. Probieren Sie doch einmal Badeperlen, die das Wasser golden färben!

12 Wie man am besten in Stimmung kommt, ist eine Frage des Geschmacks. Welches Essen macht Sie glücklich? Für viele ist es Schokolade. Nach einer Umfrage zieht die Hälfte aller Frauen Schokolade dem Sex vor. Ursache ist neben der schmelzenden Süße der Inhaltsstoff Theobromin, der

Essen Sie sich glücklich!

Glücksgefühle auslöst. Doch die Ernährungswissenschaftler haben herausgefunden, dass einige gesündere Lebensmittel ebenfalls stimmungsaufhellende Substanzen enthalten, zum Beispiel:
• Bananen: liefern neben schneller Energie in Form leicht verdaulicher Kohlenhydrate (sowie Magnesium und Kalium für die Nerven) die Aminosäure Tryptophan, die Vorstufe des Nervenbotenstoffes Serotonin, der unser Glückszentrum in Gehirn stimuliert.
• Wirsingkohl, Gurken, Oliven, Zwiebeln und Birnen werden gegen zu hohen Blutdruck empfohlen, Rotkohl stärkt mit seinem Vitamin-B-Gehalt die Nerven.
• Spinat, Petersilie, Sellerie und Möhren gelten als wirksame Stresskiller wegen ihres Kaliumgehaltes.
• Roher Paprika enthält Capsaicin, ein Stoff, der im Gehirn Endorphine frei setzt.

13 Töne und Rhythmen beeinflussen unser Gefühlsleben. Welche Musikstücke lösen bei Ihnen welche positiven Emotionen aus? Stellen Sie sich eine kleine CD-Sammlung zusammen mit je zwei, drei Stücken, die Ihre Lebensgeister aktivieren, beruhigen, entspannen, Sie träumen lassen, geheimnisvoll wirken, zum Mitsingen animieren oder

Musik

*Kleine Fluchten
wirken Wunder*

an Sonne und Meer denken lassen. Bei Bedarf das Licht dämpfen, sich auf ein Sofa legen, die entsprechende Musik einlegen, Augen schließen und auf eine Phantasiereise gehen.

Akupressur

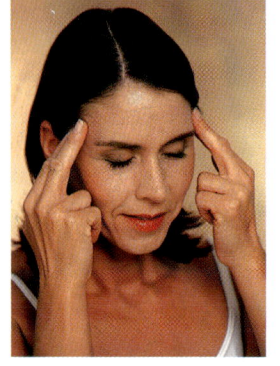

14 Bei der Akupressur wird durch Berührungen versucht, unser Wohlbefinden gezielt zu beeinflussen. Die Fingerkuppen werden auf bestimmte Körperpunkte gelegt, die sie unter sanftem Druck bei langsam kreisenden Bewegungen massieren. Dabei langsam bis sieben zählen und anschließend den Druck lösen. Die Finger ruhen fünf Sekunden auf den Punkten, ehe man wieder von vorn beginnt. Bis zu drei Wiederholungen sind sinnvoll. Eine kleine Auswahl:
• Beginnen Sie mit dem Punkt zwischen den Augenbrauen, genau über der Nase. Beruhigt bei Stress, Unruhe und Nervosität.
• Links und rechts seitlich neben den Augen befinden sich Punkte, die gegen Kopfschmerzen im Stirnbereich helfen und nach Stunden vor dem Computerbildschirm entspannen.
• In der Mitte des Mundes – einmal zwischen Oberlippe und Nase

und dann zwischen Unterlippe und Kinn – sitzen zwei Punkte, die unter Druck gesetzt belebend wirken und die Stimmung heben. Druck auf den oberen Punkt soll auch als Sofortmaßnahme Zahnschmerzen lindern. Sie empfinden die Berührungen stärker, wenn Sie die Fingerspitzen vorher in Eiswasser tauchen. Betupfen mit Öl lässt Sie die Bewegungen dagegen sanfter und beruhigender empfinden.

15 Wenn Sie sich während der Arbeit ausgepowert fühlen, legen Sie für eine Minute den Kopf nach hinten. Stellen Sie sich vor, dass erfrischender Regen auf Ihr Gesicht trommelt. Klopfen Sie dazu mit den Fingerspitzen in schnellem Tempo auf Stirn, Wangen, Hals, Schultern und Nacken.

»Regenpause«

16 Lust auf eine Massage, aber niemand da, der Hand anlegt? Probieren Sie es mit einer Selbstmassage. Beginnen Sie in Ihrem Nacken, kneten Sie die Muskeln unterm Hinterkopf und an den Schultern mit Ihren Händen kräftig durch. Auch Hals, Brust, Bauch, unterer Rücken, Po und Beine lassen sich im Do-it-yourself-Verfahren aufmuntern.

Selbstmassage

17 Eine anregende Alternative bietet eine Massage mit einer Bürste oder einem Sisalhandschuh. Die kreisenden Bewegungen auf der Haut bringen den Kreislauf auf Trab und verbessern die Durchblutung in den feinen Kapillaren der Haut. Ein angenehmer kosmetischer Nebeneffekt ist das Peeling: abgestorbene Hautzellen werden entfernt, junge Hautzellen erreichen die Oberfläche. Das beschleunigt die Entgiftung der Haut.

Bürstenmassage

18 Besonders sensibel auf Berührungen reagieren unsere Fußsohlen. Verbinden Sie den Wärmeeffekt eines Fußbades mit der Stimulierung

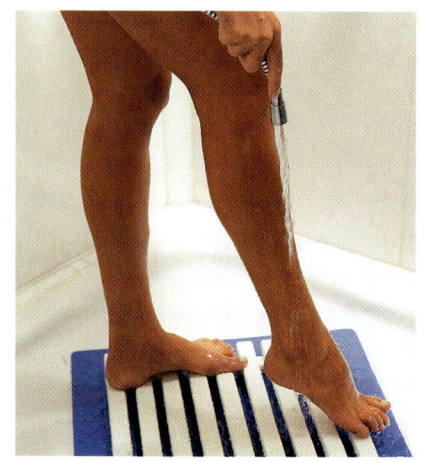

Stimulierung der Füße auch durch Wechselduschen

der Tastzellen an der Fußunterseite, indem Sie eine Schüssel nicht nur mit warmem Wasser, sondern auch mit kleinen Kieseln füllen und auf ihnen mit den Füßen herumwandern. Das wirkt wie eine kleine Fußreflexzonenmassage. Natürlich können Sie beides auch getrennt durchführen. Die Fußtastsinne stimulieren Sie als Trockenübung mit einem Noppenball oder eine Holzrolle.

19   Trainieren Sie die Sensibilität Ihrer Füße. Laufen Sie über verschiedene Oberflächen und konzentrieren Sie sich ganz auf die unterschiedlichen Empfindungen an den Fußsohlen. Legen Sie ein Tuch auf den Boden und versuchen Sie, es mit den Zehen zu greifen und hochzuheben.

Erholung für die Augen

20   Konzentrierte Arbeit an Schreibtisch und Bildschirm ermüdet die Augen. Lenken Sie ab und zu den Blick aus dem Fenster und fixieren Sie ein entferntes Objekt für drei Sekunden. Dann schauen Sie zurück auf Ihren Arbeitsplatz. Am besten diesen Blickwechsel einige Male wiederholen. Kurzentspannung für ermüdete Augen erwünscht? Schließen Sie die Augen für drei Minuten und bedecken Sie dabei, ohne Druck auszuüben, die Lider mit den Händen.

Lachen über sich selbst

21   Lange keinen Grund zum Lachen gehabt? Na, wenn das nicht zum Lachen ist! Unternehmen Sie ein kleines Gedankenexperiment. Stellen Sie sich vor, das, was Ihnen die Laune verdarb, sei einer Figur in einer Hollywoodkomödie passiert. Sie sitzen im Kino und beobachten, wie ein Komiker, der Sie spielt, durch Ihr Leben tölpelt. Ihr Chef hat sie heruntergeputzt oder Ihr Partner trampelte auf Ihren Gefühlen herum? Lassen Sie das Erlebnis als Comedyszene an sich vorüberziehen. Übertreiben Sie! Lassen Sie den Chef in Ihrer Phantasieszene richtig ausrasten und der Darsteller, der Sie spielt, weicht aus, stottert

und stößt beim Zurückweichen alle möglichen Gegenstände um.
Danach drehen Sie die Szene um. Jetzt macht Ihr Darsteller den
Chef nieder. Je mehr Sie übertreiben, umso besser.

22 Wer möchte nicht gern unangenehmen Zeitgenossen mit einer aufrechten Haltung begegnen? Kein Problem, wenn Sie die Aufforderung wörtlich nehmen. Sich innerlich und äußerlich wieder aufrichten können Sie sich mit folgender Kurzübung: Sie stellen sich gerade hin und breiten die Arme aus, die Handflächen zeigen nach unten. Heben Sie sich auf die Fußspitzen und schwingen Sie mit den Armen locker auf und ab. Wenn Sie jetzt die Augen schließen, können Sie sich vorstellen, wie Sie als majestätischer Adler frei über Bergen und Tälern kreisen, bis Sie wieder an Ihrem Schreibtisch landen.

Aufrechte Haltung

23 Fühlt sich Ihre Haut schlaff und alt an? Häufigster Grund ist ein Austrocknen infolge von Flüssigkeitsmangel. Der Körper nimmt sich das benötigte Wasser von dort zuerst, wo er es am leichtesten entbehren kann, also aus der Haut. Die oft empfohlenen zwei Liter Flüssigkeit, die man pro Tag zu sich nehmen sollte, lassen nicht nur die Haut aufblühen, sondern machen auch das Blut flüssiger und erhöhen die Vitalität. Ideal ist eine Mischung aus Mineralwasser und Fruchtsäften – das Lieblingsgetränk der Ausdauersportler. Es versorgt uns nicht nur mit Wasser, sondern auch mit Spurenelementen und Vitaminen. An kalten Tagen brühen Sie sich einen Früchtetee Ihrer Wahl auf und süßen ihn bei Bedarf mit Honig. Achtung! Kaffee regt zwar an, aber sorgt zugleich für eine Entwässerung über die Nieren. Die Menge Kaffee, die Sie getrunken haben, müssen Sie anschließend mit anderen Getränken wieder ausgleichen. Das gleiche gilt für Alkohol.

Vitalität für die Haut

24 Wie ist Ihr Tag gelaufen? Haben Sie sich geärgert? Schreiben Sie sich den Frust von der Seele, am besten in einem fiktiven Brief an sich

Schreiben und mal ganz für sich sein

selbst oder in einem Tagebuch, das Sie mit »du« anreden, also etwa: »Liebes Tagebuch, heute will ich dir unbedingt folgendes Erlebnis erzählen …« In mehreren Studien wurde festgestellt, dass Schreiben wie ein therapeutisches Gespräch wirkt und die Seele von aufgestautem Kummer entlastet. Der Effekt tritt jedoch nur ein, wenn man nicht nur jammert, sondern mit dem Füllhalter in der Hand ehrlich über Problemlösungen nachdenkt. Nicht lange über schönen Formulierungen grübeln, sondern spontan loslegen, als ob Sie einer guten Freundin Ihr Herz ausschütteten.

25 Keine Lust auf Frühsport? Das Alternativprogramm lautet: flottes Treppensteigen. Verzichten Sie auf den Fahrstuhl zum Büro oder die Rolltreppen zur und von der U-Bahn. Eine weitere Variante, wenn Sie nicht mehr als vier oder fünf Kilometer von Ihrer Arbeitsstelle entfernt wohnen: Steigen Sie bei annehmbarem Wetter aufs Fahrrad. Fahren Sie in flottem, aber keineswegs atemberaubendem Tempo und Sie werden nicht erschöpft, sondern angeregt Ihr Ziel erreichen. Der Effekt steigert sich, je öfter Sie sich für die Fitnessanfahrt entscheiden. Mediziner raten zu mindestens drei Fahrten von je einer halben Stunde Dauer pro Woche.

Nackenschmerzen bekämpfen

26 Eine Übung gegen Nackenschmerzen: Die Schultern so weit wie möglich nach oben heben und langsam nach hinten rollen. Dabei die Schulterblätter so nah wie möglich zusammenschieben. Arme locker hängen lassen. Die Übung rund zehnmal wiederholen.

27 Fehlen Ihnen manchmal bei Auseinandersetzungen und Kon-   Schlagfertigkeit
flikten die treffenden Argumente? Fällt Ihnen oft erst hinterher ein,
was Sie hätten sagen sollen? Nutzen Sie kurze Pausen, um Ihre Schlagfertigkeit zu trainieren! Deuten Sie blind mit dem Finger in einen Text.
Über das nächstgelegene Hauptwort beginnen Sie sofort, ohne zu
überlegen, eine Minute lang einen Vortrag zu halten – laut, wenn Sie
allein sind, ansonsten in Gedanken. Wenn Ihnen nichts mehr einfällt,
sagen Sie das, aber sprechen Sie weiter – wenn alle Stricke reißen:
über Ihre Sprachlosigkeit. So lernen Sie auf ein unerwartet auf-
tauchendes Schlagwort sofort zu reagieren. Sollten Ihnen trotzdem
mal wieder die rechten Worte fehlen, schinden Sie Zeit, indem Sie
statt zu argumentieren Rückfragen stellen: »Wie meinst du das?«
oder »Kannst du das ein bisschen genauer erläutern?«

28 Halten Sie Leute, die Selbstgespräche führen, für etwas wunder-   Selbstgespräche
lich? Zu Unrecht. Psychologen haben längst erkannt, dass innere
Monologe ein hervorragender Weg zu seelischer Selbstfindung sind.
Wer öfter mit sich selbst spricht, verdeutlicht sich unklare Sachver-
halte, ordnet sein Gefühlschaos und trifft schwierige Entscheidungen
leichter. Wenn Sie das nächste Mal über ein Problem nachgrübeln,
versuchen Sie nicht, Ihre innere Stimme zu unterdrücken, sondern
führen Sie die innere Auseinandersetzung bewusst. Fühlen Sie sich
zwischen widerstreitenden Gefühlen hin- und hergerissen, machen
Sie aus dem Monolog einen Dialog. Geben Sie jeder der beiden Ten-
denzen, die Sie in sich spüren, einen Namen – zum Beispiel Frau
Sparsam und Frau Großzügig – und lassen Sie sie das Für und Wider
einer teuren Anschaffung, die Sie sich wünschen, die aber Ihren Dis-
pokredit überschreitet, ausdiskutieren – und zwar lösungsorientiert.

29 Sie fühlen sich nicht so recht glücklich, würden es aber gern sein?   So tun »als ob«
Eine mächtige Waffe auf dem Weg dahin ist die »Als ob«-Methode.

Überlegen Sie: Wie würden Sie sich benehmen, wenn Sie gerade ein paar großartige Erfolge eingeheimst hätten – eine tolle Frau oder Mann kennengelernt, einen Batzen Geld gewonnen hätten, als Star entdeckt worden wären … Sie würden vor Freude hüpfen, lachen, den nächstbesten Menschen umarmen, singend durch die Straßen tanzen, alle Freunde anrufen? Tun Sie es jetzt! Stellen Sie sich vor, das große Glück sei gerade eingetroffen und Sie seien super drauf, so gut wie noch nie im Leben. Verhalten Sie sich so, wie Sie sich im Glücksfall benehmen würden, und spüren Sie, wie Ihre Stimmung steigt und alle Mitmenschen, die Sie beobachten, Sie um Ihre gute Laune beneiden.

Unbekannte grüßen **30** Wenn Sie sich öfter einmal einsam oder nicht verstanden fühlen, brechen Sie aus Ihrem Schneckenhaus aus! Wenn Sie das nächste Mal durch Ihr Einkaufszentrum spazieren, grüßen Sie ein Dutzend zufällig ausgewählte Leute mit einem fröhlichen »Guten Tag«. Sie werden sehen, die meisten grüßen zurück – und schauen Ihnen verwundert nach, weil sie sich fragen: »Woher kennen wir uns?« Nicht wenige werden sich geschmeichelt fühlen, weil sich da jemand an sie erinnert, den sie meinen, längst vergessen zu haben.

31 Heute schon geflirtet? Auch wenn Sie nicht auf Partnersuche sind, gönnen Sie sich das Spiel mit den Augen. Werfen Sie einem/einer Unbekannten einen etwas längeren Blick zu, lächeln Sie geheimnisvoll und schauen Sie zur Seite, sobald er/sie Ihr Interesse bemerkt hat. Nach einigen Sekunden schauen Sie wieder hin … Sie werden merken: Allein die Begegnung und der kurze Reiz genügen, dass Sie sich noch mehrere Stunden lang beschwingt und vergnügt fühlen.

Einschlafritual **32** Nach einem aufregenden Film soll man nicht gleich ins Bett gehen, das ist lange bekannt. Einen Schlummertrunk genießen, auf dem Balkon ein paar tiefe Atemzüge nehmen – aber vor allem für ein wohli-

*Ein Flirt pro Tag
muss sein*

ges Einschlafritual sorgen. Eine duftende Nachtcreme mit ätherischen Ölen auflegen, die schönen Augenblicke des Tages noch einmal Revue passieren lassen oder sich in frische Bettwäsche einkuscheln und dabei an etwas Schönes denken, wovon Sie gern träumen würden.

33 Schlaftabletten sind nur für den Notfall gedacht, da sie leicht abhängig machen und den für die seelische Erholung wichtigen Traumschlaf unterdrücken. Fördern Sie Ihre Nachtruhe mit natürlichen Einschlafhilfen. Dazu gehören:

Natürliche Einschlafhilfen

• Ein halbstündiger Spaziergang etwa eine Stunde vor dem Zubettgehen.
• Ein beruhigendes Bad mit Melisse- oder Lavendelzusatz.
• Kräutertees, die Rosmarin, Hopfen oder Baldrian enthalten.
Um von störenden Grübeleien abzulenken, hilft eine Viertelstunde Romanlektüre. Das Eintauchen in den Phantasiekosmos des Autors hebt Sie aus Ihren Alltagssorgen heraus und erleichtert so den Übergang von der Wirklichkeit in die Welt der Träume.

Durchschlaf-störungen?

34 Wenn Sie mitten in der Nacht aufwachen und nicht gleich wieder einschlafen können, wälzen Sie sich nicht lange hin und her, auch wenn Sie früh aus den Federn müssen. Stehen Sie auf, lesen Sie eine halbe Stunde in einem Buch und legen Sie sich wieder hin, dann schlafen Sie in aller Regel schnell ein. Wenn nicht, stehen Sie wieder auf und hängen eine weitere halbe Stunde dran. Schlimmstenfalls werden Sie am Morgen unausgeschlafen sein, aber dafür in der kommenden Nacht wie ein Engel ruhen. Das ist besser, als sich die halbe Nacht zu ärgern und mit Gewitterlaune ins Büro zu kommen.

Peeling

35 Auf teure Peelings können Sie verzichten, wenn Sie gesalzene Milch auf die Haut auftragen. Die Milchsäure wirkt wie bei einem Fruchtsäurepeeling, das Salz ersetzt die rubbelnden Körnchen. Am Ende ist die Haut wieder wie neu. Die ägyptische Königin Kleopatra, die bekanntlich täglich in Milch badete, soll übrigens zu einer stärkeren Mischung für ihr Peeling gegriffen haben. Sie vermengte Sand und Wasser.

Obst für die Haut

36 Exotische Früchte verwöhnen nicht nur den Magen, sondern auch die Haut von außen. Zerkleinern Sie zwei Aprikosen und eine Papaya in der Küchenmaschine zu Püree, mischen Sie einen Esslöffel Sahne darunter und tragen Sie das Ganze als Gesichtspackung auf, die 20 Minuten einwirkt. Beide Früchte versorgen die Haut reichlich mit Vitaminen und Enzymen.

37 Wann ist das nächste Mal mit wolkenlosem Himmel zu rechnen? Statt sich stundenlang in die Sonne zu legen, gehen Sie lieber abends hinaus, um die Sterne zu beobachten. Egal, wie viele Sternbilder

Sterne beobachten

Sie kennen und wie viele nicht, versuchen Sie Ihre eigenen Muster am Himmel zu entdecken. Lassen Sie Ihre Augen tief ins nächtliche Blau sinken, ähnlich wie bei den Bildern des magischen Auges, die

Dimension, die Tiefe des Himmels, vorzustellen. Bei intensiver Konzentration entsteht ein tiefes Glücksgefühl.

38 Die Kunst der Kontemplation lässt sich an jedem Gegenstand trainieren. Versenken Sie Ihren Blick in einer freien Minute in einem Apfel oder einer Kerzenflamme. Wenn Ihre Gedanken fortschweifen, lenken Sie sie beharrlich wieder zu Ihrem Gegenstand zurück. Nach Ende der Minute schließen Sie die Augen und versuchen Sie, den Gegenstand in aller Intensität in Ihrer Vorstellungskraft fortbestehen zu lassen. Sobald das Bild verblasst oder undeutlich wird, öffnen Sie die Augen und wiederholen Sie gegebenenfalls die Prozedur. Bei regelmäßigem Üben wird Ihre Wahrnehmung intensiver und konzentrierter.

39 Knabbern Sie gern beim Fernsehen? Greifen Sie statt zu Salzstangen & Co. zu Sonnenblumenkernen. Sie enthalten das wichtige Vitamin E, das Schadstoffe neutralisiert, vor allem die Krebs aus-

Knabberzeug direkt aus der Natur

lösenden freien Radikalen. Das ist nicht nur für Raucher eine Gesundheitsversicherung. Um wirken zu können, benötigt Vitamin E aber eine ausreichende Menge Vitamin C, das reichlich in Kiwis, Orangen, schwarzen Johannisbeeren, Brokkoli und rotem Paprika enthalten ist.

40 Ein schöner Trick, um dem gegenwärtigen Stress für einen Moment zu entfliehen, besteht darin, einige alte Erinnerungsstücke hervorzukramen – Fotos, Tagebücher, Briefe, aufgehobene Eintrittskarten, Souvenirs – und sich für ein paar Minuten auf eine spannende Entdeckungstour in die eigene Vergangenheit zu begeben. Lassen Sie

die Erinnerung, die sich mit dem jeweiligen Souvenir verbindet, möglichst plastisch und in allen Einzelheiten in Ihrer Phantasie wieder auferstehen.

41 Wenn Sie geschafft von der Arbeit nach Hause kommen, stürzen Sie sich nicht sofort auf die Hausarbeit. Selbst wenn die Wohnung aussieht, als hätte eine Bombe eingeschlagen – auf eine Viertelstunde mehr oder weniger kommt es nicht an. Lassen Sie alles fallen, dehnen und strecken Sie sich ein paar Mal und legen Sie sich für ein paar Minuten auf die Couch. Augen zu und an eine blühende Wiese denken, auf der Sie sich von einem sanften Luftzug streicheln lassen. Danach langsam aufstehen, wieder den Körper dehnen und strecken und mit Gelassenheit an die Hausarbeit gehen.

Camouflage **42** Pickel, dunkle Hautflecken, alte Tattoos und Narben können das Selbstwertgefühl beeinträchtigen. Dagegen hilft Camouflage, eine Kosmetik, die kleinere und größere Makel blickdicht abdeckt und Wind und Wasser 24 Stunden und länger übersteht. Inzwischen ist sie in allen natürlichen Hautfarben lieferbar und garantiert jedem Mann und jeder Frau einen perfekten Teint. Selbst großflächige Hautverbrennungen und Feuermale lassen sich damit kaschieren. Detaillierte Informationen in: René Koch: Camouflage (Verlag Gesundheit, Berlin 1997).

Geschichten erfinden **43** Eine kreative Alternative zum Fernsehabend mit dem Partner: Geschichten erfinden. Wenn die Phantasie für frei erfundene

Erzählungen nicht ausreicht, nehmen Sie vorhandenes Material zum Ausgangspunkt.

Möglichkeit 1: Sie erzählen ihm die Handlung des Romans, den Sie gerade lesen, bis zu der Stelle, an der Sie gerade sind, und bitten Ihren Partner, die Erzählung fortzuspinnen. Nach einer Minute unterbricht er und Sie erzählen weiter. Sie können sich auch für einen Film, den Sie beide gesehen haben, einen anderen Schluss ausdenken oder überlegen, wie es mit den Haupthelden nach dem Happy End weitergegangen sein mag.

Möglichkeit 2: Sie nennen drei Wörter – wie Regenschirm, Katzenstreu und Schneepflug – und dazu einen geheimnisvoll klingenden Anfangssatz einer Geschichte, zum Beispiel: »Sie stand am Fenster und schaute sehnsüchtig in die Ferne, als es zu schneien anfing.« Ihr Partner hat die Aufgabe, die Geschichte so lange sinnvoll weiterzuerzählen, bis er alle drei Wörter, die Sie nannten, darin untergebracht hat. Dann nennt er drei Wörter, und Sie erzählen weiter.

44 Folgende kleine Phantasiereise lässt Sie abschalten und fördert Ihre Kreativität: Versetzen Sie sich gedanklich in die Rolle eines Gegenstandes Ihrer Umgebung und sprechen Sie über seine Befindlichkeit in Ich-Form. Können Sie sich beispielsweise in die Vase auf dem Fensterbrett hineindenken? Ihr Monolog könne so anfangen: »Ich stehe seit einem halben Jahr an derselben Stelle und langweile mich schrecklich. Letzte Woche hat der Typ da Wasser in mich hineingegossen. Das war kalt, aber wenigstens eine Abwechslung. Ich dachte, die Rosen würden sich mal mit mir unterhalten, aber denkste! Hochmütig guckten sie in die Ferne. Und dann dieser Gestank. Anfangs rochen sie ja ganz lieblich, aber nach drei Tagen kam da so eine faulige Note durch. Bis der Typ das endlich bemerkt hat und mich von dem abgestandenen Wasser und den aufgeweichten Stengeln befreit hat ...«

Kreative Phantasiereise

Genießen Sie die »kleinen Sünden« in vollen Zügen

Stoppschild gegen Hektik

45 Sie gönnen sich öfter mal eine »kleine Sünde«? Bleiben Sie dabei ohne schlechtes Gewissen, aber nehmen Sie sich Zeit, den süßen Snack, das Eis oder das herzhafte Fast Food zu genießen. Es ist wissenschaftlich nachgewiesen, dass der bewusste Umgang mit dem Genuss dafür sorgt, dass wir in unserem Konsum maßhalten und der Seele Streicheleinheiten verschaffen.

46 Wenn Sie sich ertappen, wie Sie im Laufe des Tages immer mehr in eine hektische Betriebsamkeit geraten – sagen Sie: »Stopp!« Verlangsamen Sie von diesem Moment an alle Ihre Bewegungen so, dass Sie doppelt so viel Zeit als gewöhnlich für sie brauchen. Bewegen Sie sich wie ein Pantomime, der seinem Publikum das Hantieren unter Wasser demonstriert. Halten Sie die »Entschleunigung« mindestens drei Minuten durch, bis Sie merken, wie der Druck allmählich von Ihnen weicht.

47 Stellen Sie sich ein kurzes Gymnastik- oder Yoga-
programm zusammen, das nicht mehr als zehn Minuten in Anspruch nimmt und das Sie täglich durchführen können, ohne ins Schwitzen zu geraten. Hier
das von mir bevorzugte Yoga-Kurzprogramm, das
unterschiedliche Körperpartien dehnt und entspannt:

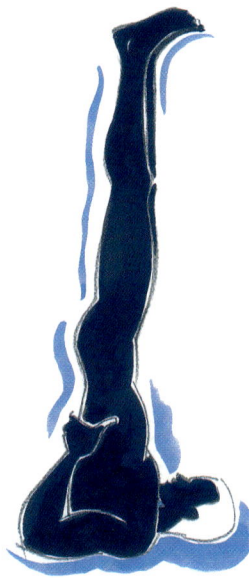

• Kerze. Auf den Rücken
legen, die Beine Richtung
Zimmerdecke strecken,
dabei den Rücken mit den
Händen bei angewinkelten
Armen abstützen. Eine
Minute halten.

*Gelassenheit durch
fernöstliche Entspan-
nungstechniken*

• Pflug. Aus der Kerzenposition die Beine nach
hinten über den Kopf schwingen, bis die
Zehenspitzen den Boden berühren. Die
Beine dabei so weit spreizen wie
nötig. Die Arme liegen aus-
gestreckt nach hinten auf dem
Boden. Eine Minute halten.

• Bogen. Auf den Bauch
legen, die Knie anwinkeln,
Schultern und Kopf anheben,
die Arme nach hinten
strecken und mit den Händen
die Fußknöchel umfassen.
Eine Minute halten.

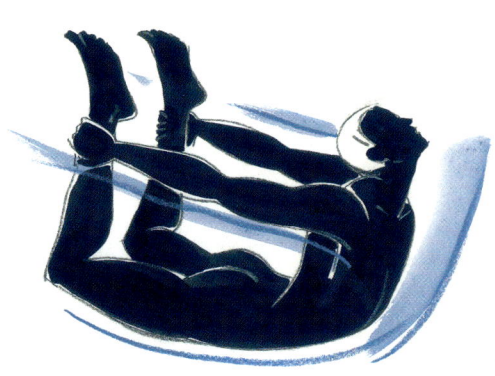

• Eine anspruchsvollere Alternative ist die
Brücke: Auf den Rücken legen, Knie anwinkeln,
die Handflächen links und rechts neben den
Ohren aufstützen. Und nun kraftvoll den Körper
mit den Händen und Füßen nach oben drücken.
Bis zu einer halben Minute halten.

• Yogakopfstand. Die Arme mit verschränkten
Händen auf den Boden legen, so dass die beiden
Ellenbogen und die verklammerten Hände ein
Dreieck bilden. Kopf vor die Hände legen und
Beine zur Decke schwingen. Am besten die
Übung an einer Wand durchführen, an der Sie
die Füße abstützen können. Anfangs nur wenige
Sekunden halten, aber mit der Zeit auf bis zu
drei Minuten steigern.

48 Lösen Sie Ihre Muskelverspannungen. Legen Sie sich dazu auf dem Rücken flach auf den Boden. Spannen Sie die Nackenmuskeln an und halten Sie die Spannung 5 bis 8 Sekunden. Dann loslassen und spüren, wie sich die Muskeln entspannen. Das Gleiche probieren Sie mit den Schultern, Armen, dem Brustbereich und so weiter körperabwärts, bis Sie bei den Füßen angekommen sind.

Eine vereinfachte Variante können Sie auch in der Öffentlichkeit durchführen – am Schreibtisch, beim Schlangestehen oder in Verkehrsmitteln. Ballen Sie die Hände zu Fäusten, spannen die Unterarme an – nach 5 Sekunden wieder lösen und die Entspannung bewusst genießen. Dann die Schultern zu den Ohren ziehen und den Kopf leicht nach hinten drücken, 5 Sekunden halten und lösen. Dann tun Sie das Gleiche mit den Bein- und Gesäßmuskeln.

Muskelentspannung

*Ich bin schön,
ich bin klug,
ich bin erfolgreich!*

49 Mal aus der gewohnten Rolle schlüpfen? Veranstalten Sie für ein paar Minuten Ihr eigenes Kostümfest. Durchwühlen Sie die hinteren Fächer Ihres Kleiderschranks und stellen Sie sich ein möglichst schräges Outfit zusammen Ziehen Sie sich um – wenn Sie genügend Zeit haben, mehrmals –, legen Sie passende alte Platten auf und spielen Sie jemanden, der im Alltag so herumlaufen würde, wie Sie sich gerade gekleidet haben.

Zeit für Ihre ganz persönlichen Verwöhn-Pausen

50 Wenn Sie das Gefühl haben, nicht genug Anerkennung aus Ihrer Umgebung zu bekommen: Gönnen Sie sich einmal pro Woche 10 Minuten systematischen Selbstlobs. Fangen Sie mit Ihrem Äußeren an. Stellen Sie sich vor den Spiegel und bewundern Sie sich lauthals. Übertreiben Sie ruhig, aber gehen Sie von Ihren tatsächlichen Stärken aus. Ihre Haut und Ihr Haar sind vielleicht nicht perfekt und die Nase etwas schief – das ignorieren Sie einfach und loben dafür Ihre gute Figur und Ihr bezauberndes Lächeln. Entdecken Sie so viele positive Seiten an sich wie möglich. Danach beschäftigen Sie sich mit Ihren Fähigkeiten und Ihrem Charakter. Loben Sie jede Kleinigkeit, also nicht nur hervorragende Englischkenntnisse oder Ihre weithin bekannte Hilfsbereitschaft, sondern auch, wie toll Ihr Brokkoliauflauf schmeckt oder wie geschickt Sie die Platzprobleme in Ihrem Arbeitszimmer gelöst haben.

Noch eine Empfehlung zum Schluss: Begnügen Sie sich nicht mit den Tipps und Tricks dieses Buches! Wenn Ihnen interessante Wohl-fühl-Empfehlungen im Fernsehen, in Zeitschriften oder dem Internet begegnen, notieren Sie sie und probieren Sie sie aus. Allein die Expe-rimentierfreude hält jung und stärkt das Ich. Wandeln Sie die Rat-schläge der Experten nach Ihren Vorlieben ab und behalten Sie nur bei, was Ihnen fühlbar gut tut.

Literatur

Drews, Jürgen J.: Mein Glücks-Programm. Das erste Seelentraining gegen Probleme. Verlag Gesundheit, Berlin 1998.

Ernst, Heiko: Sechs wirklich gute Vorsätze für das Jahr 2000. In: Psychologie heute, Heft 12/1999.

Goleman, Daniel: Emotionale Intelligenz. Hanser Verlag, München, Wien 1996.

Gross, Stefan F.: Beziehungsintelligenz. Talent und Brillanz im Umgang mit Menschen. Verlag Moderne Industrie, Landsberg/Lech 1997.

Großhans, Lore: Die Wirkung von Düften und Farben. Verlagsunion Pabel-Moewig, Rastatt 1991.

Gutfield, Greg: Eine Laborratte packt aus. In: Men's Health, Heft 10/1999.

Hewitt, James: Yoga. The English Universities Press, London 1960.

Koch, René: Camouflage. Make-up für die Seele. Verlag Gesundheit, Berlin 1997.

Koch, René/Naumann, Frank: Mann, bist du schön! Was uns attraktiv, erfolgreich und begehrenswert macht. Verlag Gesundheit, Berlin 1998.

Langbein, Kurt/Fochler, Rike: Einfach genial. Die 7 Arten der Intelligenz. Deuticke Verlag, Wien 1997.

Maaß, Frank-Uwe/Naumann, Frank: Was Träume uns raten. Botschaften des Unbewußten entschlüsseln und nutzen. Verlag Gesundheit, Berlin 1999.

Naumann, Frank: Miteinander streiten. Die Kunst der fairen Auseinandersetzung. Rowohlt Taschenbuch, Reinbek 1995.

Naumann, Frank: Erste Hilfe für die Seele. Beistand in Notsituationen, Lebenskrisen und Konflikten. Verlag Gesundheit, Berlin 1996.

Naumann, Frank: Mut zur Krankheit oder Die Lust am Unwohlsein. Verlag Gesundheit, Berlin 1998.

Naumann, Frank: Rauchen und gesund bleiben. Ernährung, Fitness und Kosmetik. Falken Verlag, Niedernhausen 2000.

Nuber, Ursula/Ernst, Heiko u. a.: Lebenskunst. Psychologie heute, Sonderheft 4. Beltz Verlag, Weinheim 1999.

Sehr, Marion, M.: Das große EQ Testbuch. Erfolgreich durch emotionale Intelligenz. Falken Verlag, Niedernhausen 1998.

Seligman, Martin: Pessimisten küßt man nicht. Optimismus kann man lernen. Knaur Taschenbuch, München 1993.

Sternberg, Robert J.: Erfolgsintelligenz. Was man braucht, um seine Ziele zu verwirklichen. In: Psychologie heute, Heft 3/1998.

Thal, Anna: Nein sagen und siegen! Die Kunst, sich richtig zu entscheiden. Verlag Gesundheit, Berlin 1999.

Wessel, Karl-Friedrich: Zeit und Gegenwart/Sensibilität und Souveränität. In: Wessel, Karl-Friedrich u. a. (Hrsg.): Bildungstheoretische Herausforderungen. Kleine Verlag, Bielefeld 1996.

Bildnachweis

GettyOne Stone, München: 4 (Peter Cade), 6 (Giantstep), 9 (Simon Battensby), 12 (Ted Wood), 20 (Carol Ford), 23 (Steven Peters), 25 (Adri Berger), 28 (Stewart Cohen), 31 (Art Wolfe), 33 (Zigy Kaluzny), 34 (Bruce Ayres), 36 (Robin Lynne Gibson), 37, 43 (Dan Bosler), 39 (Brian Bailey), 40 (Colin Hawkins), 47 (Victoria Yee), 49 (Jonathan Kirn), 51 (Ken Weingart), 70 (Chris Sanders), 72 (Tim Flach), 74 (Donald Johnston), 79 (Lien/Nibauer), 82 (Jon Riley), 84 (Andre Perlstein), 92 (John Millar), 95 (Roger Charity), 96 (Stuart McClymont), 104 (Andrea Booher), 105 (David Rosenberg), 107 (Deborah Jaffe); Image Bank, München: 7 (Romilly Lockyer), 14 (G. K. & Vicki Hart), 18 (G. & V. Chapman), 21, 87, 89 (Britt Erlanson), 45 (Rob van Petten), 52, 106 (David de Lossy), 77 (Stephen Derr); Südwest Verlag, München: 91 (Wolfgang Feiler), 93 (Hans Seidenabel), 94 (K. Vey/Jump), 101 (Dirk Albrecht)

Alle Freisteller stammen aus dem Archiv des Südwest Verlages, München.

Projektleitung: Gudrun Jänisch
Redaktion: Margret Plath
Bildredaktion: Ute Schoenenburg
Umschlaggestaltung: Lohmüller, Werbeagentur Berlin
Umschlagfoto: Premium, Düsseldorf
Layout: Bauer + Möhring, Berlin
Satz und Lithos: LVD GmbH, Berlin
Druck und Verarbeitung: Sebald Sachsendruck Plauen

Printed in Germany 2000

ISBN 3–333–01081–X